国家自然科学基金项目（72004181）
教育部人文社会科学项目（20YJC630190）

中国煤炭跨期产能优化及其调控机理研究

杨晴　张磊◎著

中国矿业大学出版社

·徐州·

内 容 提 要

本书系统介绍了中国煤炭产能管理的背景、煤炭边界产能测算方法、煤炭跨期产能优化模型、煤炭产能偏离的形成机理以及中国煤炭产能偏离调控政策仿真系统等相关内容。

本书可供从事能源管理工作的政府工作人员参考,也可作为高等院校相关专业师生的参考用书。

图书在版编目(CIP)数据

中国煤炭跨期产能优化及其调控机理研究 / 杨晴,张磊著. —徐州:中国矿业大学出版社,2023.10

ISBN 978 - 7 - 5646 - 6005 - 5

Ⅰ. ①中… Ⅱ. ①杨… ②张… Ⅲ. ①煤炭资源—资源管理—研究—中国 Ⅳ. ①F426.21

中国国家版本馆 CIP 数据核字(2023)第 201752 号

书　　名	中国煤炭跨期产能优化及其调控机理研究
著　　者	杨　晴　张　磊
责任编辑	满建康
出版发行	中国矿业大学出版社有限责任公司
	(江苏省徐州市解放南路　邮编 221008)
营销热线	(0516)83885370　83884103
出版服务	(0516)83995789　83884920
网　　址	http://www.cumtp.com　E-mail:cumtpvip@cumtp.com
印　　刷	徐州中矿大印发科技有限公司
开　　本	787 mm×1092 mm　1/16　印张 10.75　字数 211 千字
版次印次	2023 年 10 月第 1 版　2023 年 10 月第 1 次印刷
定　　价	40.00 元

(图书出现印装质量问题,本社负责调换)

前　言

　　能源是国民经济发展的基础,是人类生活所必需的基本物质保障,也是发展现代化农业、工业的重要保障。煤炭作为主体能源和重要的工业生产要素,其产能波动关乎煤炭资源的优化配置和国民经济的稳定有序运行。中国一直致力于煤炭产能管理,但中国煤炭产能仍然陷入了"产能不足—产能激励政策—产能过剩—去产能政策—产能不足"的怪圈。为了破解当前中国煤炭产能管理的困境,亟须回答中国煤炭最优产能是多少、实际产能为什么偏离最优产能、如何实现煤炭产能精准调控等三大科学问题。

　　围绕这三大科学问题,本书基于全产能周期视角,循着中国煤炭"最优产能测算—实际产能偏离最优产能的程度和成因—最优产能实现机制"这一研究思路,构建煤炭边界产能模型和跨期产能优化模型,测算历年边界产能和最优产能,回答"中国煤炭最优产能是多少"这一科学问题;提出产能偏离度的测算方法和定量解构方法,阐明煤炭产能偏离的形成机理,回答"实际产能为什么偏离最优产能"这一科学问题;构建中国煤炭产能偏离调控政策仿真系统,设计出中国煤炭产能优化管理政策,回答"如何实现煤炭产能精准调控"这一科学问题。本书分为7章,包括绪论、中国煤炭边界产能的测算、中国煤炭跨期产能的优化、中国煤炭产能偏离度的解构、中国煤炭产能偏离的理论机理与实证检验、中国煤炭产能偏离调控政策仿真系统的构建与应用、研究结论与展望等。本书在理论上构建了中国煤炭产能管理的全新模型体系,极大地丰富了该领域的研究视野,在实践上为中国煤炭产能优化管理提供了定量化的决策工具和有效的决策参考。

　　本书第 1 章由杨晴、张磊共同撰写,第 2 至 7 章由杨晴撰写,全书由张磊统稿定稿。

　　本书内容的研究与出版得到了国家自然科学基金项目(编号:72004181)和教育部人文社会科学项目(编号:20YJC630190)的资助。

　　本书在编写过程中得到了西安科技大学管理学院和中国矿业大学管理学院各位老师的指导,在此一并致以诚挚的谢意。

　　受作者学识水平和时间精力所限,书中难免存在疏漏与不足之处,恳请各位专家学者指正。

著　者

2023 年 9 月

目　　录

第1章 绪 论

1.1 研究背景和意义

1.1.1 研究背景

（1）煤炭产能波动关乎能源安全、资源优化配置和国民经济的稳定运行

能源是国民经济发展的基础，是人类生活所必需的基本物质保障，也是发展现代化农业、工业的重要保障。中国是一个能源消费大国，在不断推进工业化和城市化的进程中，能源已经逐渐成为经济发展的命脉。中国多煤、少油、缺气的国情，决定了煤炭在很长时期内是中国的主体能源。在 1980—2011 年，中国煤炭消费占能源消费的比重一直处于 70% 以上。近年来，在环境约束下，煤炭消费占比有所下降，2015—2017 年的煤炭消费占比分别为 63.7%、62.0% 和 60.4%，但煤炭在中国能源的主体地位在未来相当长时期内不会变化[1]。

煤炭作为主体能源和重要的工业生产要素，其产能的波动关乎能源安全、资源配置以及国民经济的稳定运行。如果中国煤炭产能严重不足，会引发煤炭供应紧张和煤价的攀升。一方面，基于煤炭的主体地位，煤炭的过度供不应求，会增加中国煤炭对外依存度，从而增大能源安全的风险，若能源供应不足，将危及中国国民经济的命脉。另一方面，煤炭作为重要的工业生产要素，煤价的攀升造成工业生产成本增加，甚至导致全社会的通货膨胀，从而影响国民生活水平。而中国煤炭产能的严重过剩会造成大量的资源浪费以及煤炭价格的下降，煤价的下降会引发煤炭行业大面积亏损以及大规模的失业，同时造成要素市场价格的扭曲，引发全社会的过度投资，最终，影响国民经济和社会的稳定运行。

此外，中国煤炭产能的大幅度波动还会对世界煤炭市场产生重大影响。中国是世界上最大的煤炭生产国和消费国，2017 年中国煤炭消费占全球煤炭消费的 51%[2]，中国煤炭进口量占全球煤炭进口量的 15%～25%[3]。因此，中国煤

炭产能的大幅度波动所引发国内煤炭市场的震荡将波及世界煤炭市场。

（2）市场机制难以优化配置煤炭产能

市场机制是资源配置的基本手段，在促进煤炭资源在各部门的合理配置、煤炭企业的优胜劣汰等方面发挥了重要作用。但仅依赖市场机制难以实现中国煤炭的优化配置，其原因在于以下几个方面：

① 信息不完全。企业往往对其他煤炭企业和煤炭总量信息的获取并不充分，各自以利润最大化为目标选择产能水平。特别是对于中国等发展中国家的企业，由于后发优势的存在，很容易对下一个有前景的产业产生共识，当企业普遍对于煤炭行业的前景产生良好的预期时，其对煤炭行业投资决策会产生"潮涌现象"，引发大量的产能过剩[4-5]；相反，当企业普遍对煤炭行业产生不佳的预期时，其投资会向其他行业"潮涌"，从而会引发煤炭产能不足。

② 滞后性。煤炭行业从投资到产能建成的长周期以及较高的退出壁垒，导致煤炭价格对于煤炭产能的调节存在滞后性。一方面，从产能扩张决策到生产运营存在较长的时间跨度，一般为5～10年，当某年需求出现大幅度增长时，在该年度开始新建的产能投入生产并销售几乎是无法实现的。另一方面，调整生产要素需要付出很高的调整成本，特别是对于煤炭行业沉没成本较高的产业。由于煤矿的机械设备具有较强的专用性，形成较高的沉没成本，调整生产要素需要付出很高的调整成本，从而产生了较高的退出壁垒，退出壁垒增加了准进入企业的成本预期，从而也形成了较高的进入壁垒。这种较高的进入壁垒和退出壁垒，削弱了煤炭产能对于煤炭价格的敏感性，造成价格机制调节的滞后性。

③ 外部性。煤炭开采具有负外部性。前几年出现于中国大多数城市的雾霾污染也主要归因于近些年来煤炭的大量燃烧[6-8]。与煤炭相关的二氧化碳占中国总二氧化碳排放比例高达83.73%，导致中国总碳排放量迅速增加。此外，煤炭的过度开采还导致水资源和土地资源的破坏以及生态系统的恶化。但在纯粹市场调控下，企业只追求自身利润最大化，其产能决策并不考虑上述问题，所以造成事故频发、环境污染、生态破坏、资源浪费等一系列问题。

（3）在政府产能调控下中国煤炭产能震荡式发展

自改革开放以来，在市场调节的基础上，中国一直致力于煤炭产能波动管理，但中国煤炭产能震荡式发展，出现了两轮产能不足和两轮产能过剩（见表1-1）[9]。

表 1-1　中国煤炭产能政策（1978—2017 年）

时　期	文　件	政策内容
第一轮 产能不足 （1978—1992 年）	《国务院批转煤炭工业部关于加快发展小煤矿八项措施的报告的通知》（国发〔1983〕73 号）	积极发展地方国营煤矿和小煤矿，提倡大中小煤矿并举，积极扶持群众办矿
	"有水快流"方针（1984 年）	鼓励煤炭产能扩张
	"国家、集体、个人一齐上，大中小煤矿一起搞"方针（1985 年）	积极发展大中小煤矿
第一轮 产能过剩 （1997—2001 年）	《关于关闭非法和布局不合理煤矿有关问题的通知》（国发〔1998〕43 号）	强力关井压产，要求到 1999 年年底关闭非法和布局不合理煤矿 2.58 万处，压产 2.5 亿吨，关闭煤矿 4.7 万处
	《关于关闭国有煤矿矿办小井和乡镇煤矿停产整顿的紧急通知》（国办发明电〔2001〕25 号）	立即关闭国有煤矿矿办小井，所有乡镇煤矿（含国有煤矿以外的各类小煤矿）一律停产整顿
第二轮 产能不足 （2002—2005 年）	《国务院关于促进煤炭工业健康发展的若干意见》（国发〔2005〕18 号）	从 2005 年起，用 3～5 年时间，建立规范的煤炭资源开发秩序，大型煤炭基地建设初见成效，形成若干个亿吨级生产能力的大型煤炭企业和企业集团
第二轮 产能过剩 （2010—2017 年）	《国务院关于进一步加强淘汰落后产能工作的通知》（国发〔2010〕7 号）	2010 年年底前关闭不具备安全生产条件、不符合产业政策、浪费资源、污染环境的小煤矿 8 000 处，淘汰产能 2 亿吨
	《国家能源局 国家煤矿安全监察局关于做好 2015 年煤炭行业淘汰落后产能工作的通知》（国能煤炭〔2015〕95 号）	年度淘汰落后产能的任务是淘汰煤矿数量 1 254 个，淘汰落后产能 7 779 万吨
	《国务院关于煤炭行业化解过剩产能实现脱困发展的意见》（国发〔2016〕7 号）	2016 年起，用 3～5 年的时间，再退出产能 5 亿吨左右、减量重组 5 亿吨左右

① 第一轮产能不足。随着 1978 年中国改革开放，全国各行各业快速发展，对作为基础性能源的煤炭的需求量迅猛增长，而此时煤炭产能严重不足，煤炭的供应不足已经成为制约国民经济发展的重要因素。为此，国家采取旨在大力发展煤炭产能的政策，在鼓励现有的国有重点煤矿大力扩张产能的同时，注重积极推动小煤矿的产能快速发展。1983 年 4 月，《国务院批转煤炭工业部关于加快发展小煤矿的八项措施的报告的通知》，倡导大中小煤矿并举，特别是积极发展地方国营煤

和小煤矿,积极扶持群众办矿。随后的 1984 年和 1985 年,政府分别提出"有水快流"和"国家、集体、个人一齐上,大中小煤矿一起搞"的方针。这一方针一直贯彻到 20 世纪 90 年代末。

② 第一轮产能过剩。在"有水快流""大中小并举"等发展产能政策的指导下,大量煤炭企业进入市场,再加之自 1994 年起逐步发展起来的财政分权制度,激发了地方政府激励煤炭行业的投资意愿和能力,这共同推动了 1983—1997 年煤炭产能连年大幅度增长,1997 年的煤炭产能是 1980 年的 252%[10]。而随着 1997 年亚洲金融危机爆发,连年下降的煤炭消费量引发中国煤炭产能过剩,引发煤炭行业大面积亏损以及大量人口失业。为此,1998 年,国务院提出强力关井压产,要求到 1999 年年底关闭非法和布局不合理煤矿 2.58 万处,压产 2.5 亿吨,关闭煤矿 4.7 万处[11],并关闭国有煤矿矿办小井,所有乡镇煤矿(含国有煤矿以外的各类小煤矿)一律停产整顿[12]。

③ 第二轮产能不足。自 2002 年起,中国经济进入了快速发展通道,2003 年煤炭消费量增长率开始实现两位数增加。而自 1998 年大力清理产能以来,1999—2002 年煤炭产能总体呈负增长。此时,中国煤炭产能由 1998 年以来的过剩转为不足,特别是大中型煤矿生产能力严重不足,引发煤炭劳动力市场供不应求,利润也大幅度增加,非法煤矿产量"死灰复燃"。煤炭工业发展过程中还存在结构不合理、增长方式粗放、科技水平低、安全事故多发、资源浪费严重、环境治理滞后等突出问题[13]。为此,政府提出要加快大型煤炭基地建设,淘汰落后生产能力,解决小煤矿问题[14-15]。

④ 第二轮产能过剩。2002—2012 年,中国煤炭发展进入"黄金十年",煤炭产能大幅度扩张。面对 2008 年经济危机,在积极财政政策推动下,煤炭需求依旧旺盛,煤炭产能仍持续扩张,到 2010 年,中国煤炭产能过剩明显化,国家开始陆续出台政策,明确提出年度淘汰落后产能的任务[16],但是煤炭产能继续扩张,这是因为:一方面煤炭行业具有较高的资本专用性引发的较高经济退出壁垒,以及高投资和产能建设周期长引发的产能调整速度慢的特点[17],另一方面,煤炭行业为地方 GDP 和就业都发挥了重要作用,地方政府在预算软约束下,为了提升政绩,通过减免企业税收、提供金融资源支持等措施促使原本亏损的煤炭企业滞留于市场中,最终导致产能过剩情况进一步恶化,引发煤炭行业大面积亏损以及大量人口失业。为此,2016 年,政府加大煤炭"去产能"的力度,明确各个省份的"去产能"任务,利用行政手段迫使煤炭产能迅速退出[18-19]。但也带来一些风险,如所引发的煤炭价格持续上涨会加大钢铁市场的扭曲,并经由价格传导机制,可能引发成本推动通货膨胀的风险等。

基于上述关于改革开放以来中国煤炭产能发展状况分析可知,由于信息不完全、滞后性和外部性,仅依赖市场机制难以实现中国煤炭的优化配置,但在政府调控下,中国煤炭产能仍然陷入了"产能不足—产能激励政策—产能过剩—去产能政策—产能不足"的怪圈[20],产能的大幅度波动危及煤炭资源的优化配置、国民经济的稳定运行乃至世界煤炭市场的有序运行。为了破解当前中国煤炭产能管理的困境,需要回答中国煤炭最优产能是多少、实际产能为什么偏离最优产能、如何实现煤炭产能精准调控等三大科学问题。

（1）中国煤炭最优产能的理论界定

在产能管理实践中,一直困扰我们的问题是在各个年份中国煤炭产能究竟应该退出多少或者扩张多少才能实现煤炭资源优化配置以及经济和社会发展目标。为了回答这一问题,首先需要科学回答中国煤炭最优产能问题。面对当前中国煤炭严重的产能过剩,政府提出了在五年内退出 8 亿吨产能的目标,并要求 2018 年退出 1.5 亿吨左右,以确保 8 亿吨左右煤炭去产能目标实现三年"大头落地"。若尚无对于未来 5 年内中国煤炭的最优产能的科学判断,这一去产能计划的实施能否实现社会经济成本最小化等最终目标将无从判别。目前,中国煤炭最优产能的科学界定仍是悬而未决的科学问题,科学回答这一问题为中国产能管理实践、企业投资决策以及学术界的产能波动成因和对策研究提供了重要前提和决策依据。

（2）中国煤炭产能不足或产能过剩的成因

纵观改革开放以来,在政府产能调控下,中国煤炭产能仍然陷入了"产能不足—产能激励政策—产能过剩—去产能政策—产能不足"的怪圈。为了走出这一怪圈,迫切需要对于中国煤炭产能过剩和产能不足的成因进行科学判断。然而,中国煤炭的实际产能是宏观经济环境、企业决策、政府干预共同作用的结果,产能过剩和产能不足的成因错综复杂,产能波动的根源极可能被表面的现象所掩盖。因此,中国煤炭产能过剩和产能不足的成因是极为复杂的科学问题,科学系统地回答这一问题是政府对症下药开展产能管理、实施行之有效的调控政策的重要依据。

（3）中国煤炭最优产能的实现机制

中国煤炭产能关乎煤炭资源的优化配置和国民经济的稳定运行,如何管理煤炭产能才能够实现资源优化配置是政府最为关心的问题。中国一直致力于有效产能管理的探索,从过去 40 年的产能管理实践上看,政府产能调控尚未使中国产能平稳健康地发展,反而呈现出产能震荡式发展之态。此外,煤炭产能系统处于经济、能源、环境系统之中,其系统性和动态性特点也大大增加了产能管理的难度。由此,产能管理若不基于动态的系统分析,会引发诸多非预期的经济社会环境问题。例如,1998 年大幅度去产能的工作,有效化解了过剩产能,但也导致大量人员失业和煤价大幅度上涨,并在 2002 年起的经济高速增长的推动下,2003 年中国煤炭出现了产能不足,关停的煤炭企业"死灰复燃"。因此,系统而动态的中国煤炭最优产能的实现机制是值得进一步系统回答的科学问题,这一问题的回答为中国煤炭产能管理实践提供重要的决策支持。

1.1.2 研究意义

(1) 在理论上提供"最优产能的测算—实际产能偏离最优产能的程度和成因—最优产能的实现机制"这一崭新的产能研究的分析路径以及相应的参考模型。

产能研究的最终目的是为产能沿着最优产能发展提供理论依据和决策支持。然而,现有中国煤炭产能研究集中于产能过剩成因研究,并基于此提出产能对策,而缺乏对于最优产能、实际产能与最优产能偏差的系统研究,从而削弱了产能研究的力度和价值。本书循着"最优产能的测算—实际产能偏离最优产能的程度和成因—最优产能的实现机制"的研究思路,科学回答中国煤炭最优产能是多少、实际产能为什么偏离最优产能、如何实现煤炭产能精准调控等三大重要命题,为产能研究提供研究思路、路径和相应的参考模型,拓展该领域的研究视野和研究深度。

(2) 在实践上为中国煤炭产能优化管理提供定量化的决策工具和有效的决策参考。

本书跨期产能优化及其实现机制的研究成果,为政府监测产能运行状态和设计产能调控政策提供定量化的决策工具,为是否开展产能调控、调控多少产能、采用哪些调控工具、何时出台政策、设置怎样的政策强度等一系列产能调控决策提供有效的参考和依据。

中国煤炭年度跨期最优产能的研究结果将为政府监测产能运行状态提供定量工具,为政府是否开展产能调控等决策提供有效依据。煤炭产能偏离度的测度、解构及其形成机理的研究结果,为政府提供以产能偏离为调控对象的政策设计新思路,为调控多少产能、调控的着重点选择提供决策参考。在产能偏离构成和成因的研究基础上构建中国煤炭产能偏离调控政策仿真系统,针对单一政策的调控方向、延迟时间、累积效应以及多个政策组合和协同效应及挤出效应等政策效果展开定量化的仿真分析,相关结果为包括政策工具选择、出台时间选取、政策强度设计在内的产能政策方案设计提供有力的定量分析工具。

1.2 国内外文献综述

1.2.1 产能测算方法的相关研究

现有产能测算方法主要包括微观企业调研法、成本函数法、统计技术法、生产函数法、"产出资本"比率法和数据包络分析法等。

（1）微观企业调研法

夏晓华等[21]通过问卷调查的方式统计了 2010 年中国各个企业的最大生产能力。江源[22]依据《中国统计年鉴》、统计年报、经济普查资料、冶金经济发展研究中心有关资料、工业企业产销存季报和中国有色金属工业协会统计数据等，计算了 1995—2005 年间钢铁、煤炭、水泥、电解铝、汽车等五个行业的产能。江飞涛和刘文杰[23-24]利用《中国钢铁工业年鉴》的数据分别计算了 1992—2006 年和 1992—2009 年中国炼钢行业的产能。

（2）成本函数法

Cassels[25]把短期平均成本函数的最低点对应的产出水平定义为产能。Klein[26]认为，产能的产出水平在短期平均成本和长期平均成本函数的切点处。Segerson 等[27]继承了 Klein 的观点。Berndt 等[28]指出，当存在长期规模报酬不变时，他们的测度结果与 Klein 的测度结果相符合。Coelli 等[29]认为在单产出的情况下，将短期利润最大化的产出点作为产能；在多产出的情况下，产能是通过按比例扩大（或收缩）的产出向量，实现在产出组合保持不变的约束下短期利润最大化的产量产出。

（3）统计技术法

统计技术法是指仅利用统计技术对产量序列进行平滑处理所得出的产能，其主要细分方法包括线性趋势法、一阶差分法、峰趋势法、HP 滤波法等。这类方法源于新古典主义学派，该学派认为实际产出包括周期波动和长期均衡两部分，其中，前者由短期非预期需求波动所引发，后者由供给波动所引发，并把长期趋势部分定义为产能。统计技术法需要的变量相对较少，通常只有产量这一个变量，数据易于获取，计算过程简单。

在统计技术法中，最常用的是峰趋势法。Klein 最早提出峰趋势法，并把产能定义为在每个商业周期中的峰值。在一般情况下，实际产出沿着增长趋势有上下波动，在某些年份出现峰，在另一些年份出现谷。由定义可知，峰值年份的产能即为峰值所在产出值；而非峰值年份产能的测算方法是，首先在曲线上标出峰值点，然后在相邻的峰值点之间拟合出直线段。在现期峰值点和上期峰值点之间，把前一个直线段按原有的斜率外推，若现期峰值点超过了外推趋势线，就对前一个直线段进行修正，即从上一个峰值点到现期峰值点之间拟合一个新的直线段。重复此过程就得到了一条通过各峰值点而拟合出来的趋势线。趋势线上所对应的产出值即为非峰值年份的产能[30]。

（4）生产函数法

生产函数法，顾名思义，是指利用生产函数来测算产能。约翰森（Johansen）

利用生产函数的概念,定义产能为在生产可变要素的有用性是无限的假设下,现有厂房和设备每单位时间能生产的最大数量。Fare[31]认为 Johansen 的产能定义是强定义,并给出了产能的弱定义,即只要求产出是有界的,而不是坚持最大值的存在。

Abel[32]构建了生产函数,不但考虑了不变生产要素,还加入了可变生产要素,认为可以通过充分利用资本和劳动等投入要素而达到的最优产出水平。由于实际的资本和劳动不能假设为在任何时候都是充分利用的,因此,这种方法被应用于测算产能时,需要对要素投入进行一些调整。假设生产函数如下:

$$y_t = Ae^{r-t}(k_t K_t e^{M_t})^\alpha (l_t L_t)^\beta e^{dz_t} e^{u_t} \tag{1-1}$$

式中,e 是自然对数的底;y_t 为 t 时间的实际产出;K_t 是 t 时间的资本存量;M_t 是 t 时间资本存量的平均年龄;L_t 是 t 时间的劳动力工作小时数;z_t 是虚拟变量,说明能源相对价格提高的效应;k_t 和 l_t 分别是 t 时间的资本和劳动力各自的使用强度;u_t 是 t 时间的误差项;A, r, d, α, β 均为待估计的参数。估计出生产函数的参数后,即可估计产能。

(5)"产出资本"比率法

"产出资本"比率法假设所观察到的"产出资本"比率的波动主要是因为产出偏离其产能。

构造一个实际的"产出资本"比率序列为:

$$(y_t/K_t), t = 1, 2, \cdots, T \tag{1-2}$$

式中,y_t 和 K_t 分别是 t 时间的产出和资本存量。

通过拟合实际的"产出资本"序列的线性趋势,构建一个"产能资本"序列,步骤如下:

先拟合下列线性回归方程:

$$(y_t/K_t) = \hat{a}_0 + \hat{a}_1 t + \hat{u}_t, t = 1, 2, \cdots, T \tag{1-3}$$

式中,$\hat{a}_0, \hat{a}_1$ 和 $\hat{u}_t$ 通过最小二乘法来拟合。

再计算 $u = \max\{\hat{u}_t, t = 1, 2 \cdots, T\}$,最后得到调整的趋势 Y/K 比率,即 $(y_t/K_t)^c$ 是假设的"产能/资本"比率(Y_t/K_t):

$$(y_t/K_t)^c = (Y_t/K_t) = \hat{a}_0 + \hat{a}_1 t + \hat{u}_t \tag{1-4}$$

该方法计算产能的公式为:

$$Y_t = y_t \cdot (y_t/K_t)^c / (y_t/K_t) \tag{1-5}$$

(6)数据包络分析法

数据包络分析由 Charnes 等[33]提出,该方法使用线性规划方法确定在给定的投入要素下能实现的最大产出量,或者在给定产出水平下确定需要的最小投入水平。Kirkley 等[34]利用数据包络分析测算了美国渔业的产能。董敏杰等[35]基于中国行业和地区中观层面的数据,采用 DEA 方法测算发现 2001—2011 年中国工业平均产能利用率为 69.3%,存在较为严重的产能过剩。而且中国工业产能利用率在演变的时间趋势、设备利用率与技术效率、行业和区域上存在如下特征:2008 年前呈上升趋势,之后呈波动下滑趋势;设备利用率较技术效率更低,技术效率下滑趋势明显;相对于轻工业,重工业的产能利用率较低;东部地区产能利用率最高,东北、中部及西部地区则较为接近。孙璞等[36]采用劳动力和资本作为投入指标,年度营业总收入作为产出指标,应用 DEA 方法测算了汽车产业和新能源产业中 2009—2015 年上市公司的产能利用率。

1.2.2　产能状况判别标准的相关研究

最常用的产能状况判别指标是产能利用率[37-39]。产能利用率直接反映观察产能闲置率状况,产能利用率是产量与产能之比。显然,产能利用率越低,闲置的产能占比越多,产能过剩越严重,反之亦然。然而,目前对于产能过剩和产能不足的判别标准尚未达成统一的认识,在现有研究中,产能过剩和产能不足对应的产能利用率的临界点界定各异。

对于产能过剩的界定,Chamberlin[40]最早从微观经济学的角度提出了产能过剩的概念,即产能过剩是由不完全竞争引起的经济组织的无效率所引发的。Kamien 等[41]对上述概念进一步完善,认为产能过剩是处于垄断竞争或不完全竞争行业的企业生产设备的利用率低于使得平均成本达到最小时的情形。然而,国内学者普遍认为,产能过剩是指产能超过生产量或消费量达到一定程度,且对经济运行产生较大的负面效应[42-43]。

对于产能过剩和产能不足的产能利用率的临界点,美国的量化标准是:79%～83% 的产能利用率是经济运行的正常区间;若产能利用率超过 90%,说明产能不足,存在生产设备能力超负荷现象;若产能利用率低于 79%,说明可能存在产能过剩问题。然而,国内学者认为,因为国家的经济体制、经济结构和所处发展阶段不同,中国产能状况的判断标准不同于外国[44-45]。国家发展和改革委员会曾经表示,产能利用率的合理区间在 80%～85%。夏晓华等[21]则认为81%～82% 的产能利用率表示工业运行处于正常水平,并将 80% 的产能利用率或 20% 的产能过剩率作为一个重要的分界点,构建包括超设备利用、正常闲置、轻度过剩和严重过剩在内的四个衡量企业产能过剩情况的评判标准。此外,还有学者认为,不同行业有不同的判断标准,因为行业特点和所处产业生命周期阶段不同[46-47]。

1.2.3　跨期产能优化的相关研究

跨期最优产能是描述在考察时间区间内实现政府或企业最小化或最大化目标的产能值。跨期最优产能模型依照考察期内需求是否确定,可以分为需求确定的最优产能模型和需求不确定的最优产能模型;依据由产能决策到生产运营的周期是否为零,可分为零提前期的最优产能模型和非零提前期的最优产能模型。

（1）需求确定性

最初,产能优化研究一般构建需求确定下跨期优化模型。Neebe 等[48]基于最短路径规划和拉格朗日松弛算法提供产能决策方案。Fong 等[49]研究了基于确定性需求的交通设备产能优化问题。Li 等[50]构建了需求确定下多产品的最优产能问题。Rajagopalan[51]提出了在产能等于需求的假设下需求确定的最优产能问题。Khmelnitsky 等[52]提出了计算确定性需求下最优产能扩张率的算法。Smith[53]提出了在需求确定性的指数增长下最优产能增长率的算法。

现有需求不确定下,最优产能研究一般采用转化法,即将随机规划转化成各自的确定性等价类,然后利用已有的确定性规划的求解方法解之。主要的转换方法包括需求预测法、定义需求量的随机过程法和情景分析法。

需求预测法是常见的将需求不确定性向确定性转换的方法,即基于预测的需求量代替不确定需求,从而实现随机需求转化为确定性需求[54-57]。现有需求预测的研究方法众多,就能源部门的需求预测来讲,其大致可以分为基于需求序列的预测方法和基于影响因素的预测方法两大类。前者主要包括时间序列法和灰色预测法。时间序列法是用需求量的滞后项和随机扰动项来解释需求量,广泛应用于电力、石油、煤炭等各个能源部门的需求预测[58-60]。这一模型优点在于模型简单易行,仅需要需求量的时序数据,但要求时序数据具有稳定性,无法反映非线性关系。灰色预测法是构建不完全信息下的需求量的微分方程模型,预测需求量未来发展趋势的状况。其优势在于对样本数量要求不高,适合中长期预测,但忽略了系统的内在机理,无法动态地反映系统的变化性。Pao 等[61]利用灰色预测了模型预测中国未来能源消费量,Akay 等[62]利用灰色预测模型预测了土耳其电力需求量,Wu 等[63]利用多变量的灰色预测模型预测了金砖国家的碳排放量。此外,基于影响因素的预测方法包括多元回归法、人工神经网络法、支持向量机法等。多元回归法是构建需求与需求的影响因素关系的模型,参数估算方法简单且支持误差检验,但其结果难以反映周期波动。这一模型已应用于电力需求预测、太阳能发电量预测等[64-66]。人工神经网络法是从信息过程的视角抽象出人脑的神经网络,提供自我学习过程和最优处理办法的高速搜索,可以估计复杂的非线性关系,学习和适应未知或不确定的形态,但其不能接受推理过程和理论基础,对样本数量要求高。这一模型已广泛应用于可再生能源、天然气等各类能源需求预测[67-70]。支持向量机法是在模型复杂性和有限样本信息的学习能力之间寻求最好的平衡点,可以在小样本下解决机器学习和非线性问题、简化分类和回归问题,但对缺失数据比较敏感,难以处理大量的训练样本和多重分类问题。Jain 等[71]采用支持向量机法预测了多类居民建筑的能源需求量。Chen 等[72]利用支持向量机法预测了短期电力负荷。Kavaklioglu[73]利用支持向量机法预测了土耳其电力需求量。

定义需求量的随机过程法是将需求不确定性向确定性转换的又一常见方法。常用的需求量的随机过程包括马尔可夫过程、几何布朗运动过程、生灭过程等。马尔可夫过程的特性是在已知它目前状态的条件下,它未来的演变不依赖于它以往的演变。几何布朗运动过程是连续时间情况下的随机过程,其中随机变量的对数遵循布朗运动。Grossman 等[74]定义需求服从布朗过程,并以此构建需求不确定下的最优产能模型。生灭过程是一种特殊的离散状态的连续时间马尔可夫过程,其特殊性在于状态为有限个或可数个,并且系统的状态变化一定是在相邻的状态之间进行的。Freidenfelds[75]把需求假设为服从生灭过程,从而实现随机需求向确定性需求的转化。现有研究不仅把需求量定义为单一某种过程,还把需求量定义为多种随机过程的组合。Bean 等[76]以具有浮动项的布朗运动和半马尔可夫的生灭过程两种形式定义需求服从的变化过程,以实现随机需求向确定性需求的转化。Tapiero[77]和 Bensoussan 等[78]的模型最为复杂,把需求假设为混合扩散/纯跳跃过程,并考虑了结构浮动项的随机性。

此外,情景分析法也是把随机需求转化为确定性需求的有效方法。具体做法是通过设置不同的需求情景,把随机需求转化为确定性需求,再以确定性需求的求解方法进行求解。Eppen 等[79]和 Escudero 等[80]通过设置需求量情景,把随机需求转化为各个情景下的确定性需求量,代入最优产能规划模型,由此求出最优产能。Chen 等[81]首先构建了产能优化的随机规划模型,再采用情景分析法把随机需求转化为各个情景下的确定性需求,代入随机规划模型,由此得出最优产能。

（2）提前期的非零性

零提前期最优产能模型意味着从产能决策到生产运营可以瞬间完成,这类模型不适用于产能建造周期长的煤炭行业,以下主要综述非零提前期最优产能模型的两种构建方法。

第一种构建方法较为简单,即假设在给定的提前期下,决策者提前一段时间告诉承包商投资,并不控制实际产能投资到生产时间。在控制理论中,这种模型可采用脉冲控制模型或者马尔可夫决定漂移过程模型[82]。有学者应用这种模型描述不考虑提前期投资率变化的产能优化问题。固定提前期模型就是这种情形的特例。Nickell[83]和 Erlenkotter 等[57]提出了在固定的提前期内,满足线性增长的需求的最优产能扩张时机。

第二种构建方法是假设决策者通过控制投资率对产能建造进程进行控制。完成一个产能建造的总投资是一个随机变量,并具有已知的分布,投资率会随着需求的变化而变化。这种优化问题属于随机控制理论中的一部分,投资的随机过程采用逐步决定的马尔可夫链过程来刻画[84-85]。Davis 等[86]采用动态规划的贝尔曼方程求解变化的最优投资率,进而给出了最优产能。

1.2.4 产能波动成因的相关研究

现有对中国产能波动成因的研究主要集中于对产能过剩的成因研究,而对于产能不足的研究相对较少。产能不足主要归因于经济周期波动,即需求疲软引发的产能相对不足。而中国产能过剩成因研究相当丰富,不但包括经济周期波动,还包括诸多的非经济周期因素。

周劲等[87]把经济周期引发的产能过剩,称之为"周期性产能过剩",用于解释经济危机引发的短期产能过剩现象;把经济周期的影响之外,由其他因素作用而形成的产能过剩,称之为"非周期性产能过剩",用于解释在经济正常运行和经济繁荣时仍存在的产能过剩现象。非周期性产能过剩也称为长期产能过剩[88]。自 20 世纪 90 年代以来,中国先后经历了 3 次大规模的产能过剩。由于第一次(1998—2001 年)是在 1997 年亚洲金融危机后,存在经济萧条期和恢复期,一般认为第一次产能过剩是周期性产能过剩;第二次(2003—2006 年)是在经济运行正常时期,一般认为第二次产能过剩为非周期性产能过剩;第三次(2009 年至今)是在 2008 年次贷危机和 2009 年欧债危机中出现,并延续到中国宏观经济复苏和恢复后,一般认为第三次产能过剩是周期性产能过剩和非周期性产能过剩并存[89-91]。

由于现有非周期性产能过剩的具体成因研究主要包括企业策略和政府干预两大类,以下从经济周期性波动、企业竞争策略和政府产能干预三个方面综述产能波动成因的研究。

(1)经济周期性波动

由于经济周期性波动引发的产能周期性波动是所有市场经济国家必定经历的[92]。经济周期性波动中生产能力相对需求过剩或不足是市场经济运行中的一种常态。当经济走向衰退时,需求萎缩可能导致多数产业领域的富余产能增加,这种产能的富余达到一定程度时即形成产能过剩;相反,当经济走向繁荣时,需求旺盛可能导致多数产业领域的产能紧张,这种产能的紧张达到一定程度时即导致产能不足。耿强等[93]详细地阐述了经济周期性波动引发的产能过剩的过程,即景气繁荣期时企业往往过度乐观,此阶段盈利能力的普遍提高也强化其对未来的预期,企业纷纷扩张产能、加大投资;一旦经济景气发生逆转、需求下降时企业却往往措手不及,不可避免出现产能过剩现象。经济周期性波动造成的产能过剩,会使市场竞争加剧,企业才会有动力提高效率和调整产品结构,市场的优胜劣汰机制也才会起作用。

经济周期性波动中的产能过剩可以通过市场机制来调整,在成熟的市场经济体制中,产能过剩并不需要宏观经济政策之外的其他政策措施应对。由经济周期所引发的产能过剩和产能不足可通过价格下跌到供应下降再到需求上升等调整的路径,为自动调节化解产能过剩和不足提供了有效的机制和手段。当经济由萧条走向繁荣时,市场需求增加,富余产能减少,产能过剩问题就会得到缓解;相反,当经济由繁荣走向衰退时,市场需求减少,富余产能增加,产能不足问题就会得到缓解。

(2)企业竞争策略

① 为了阻止新厂商进入在位者维持超额产能

Spence[94]的经典模型证明,如果在位厂商事先的产能投资具有很高的沉淀成本,并使其未来的产量达到限制进入的水平,就会使超额产能成为一种可置信的进入壁垒或威慑。在此基础上,Dixit[95]通过构建两阶段动态博弈模型发现,在位厂商能够借助第一阶段的产能选择,对第二阶段的产量水平作出承诺,对进入者形成先动优势,降低后者的预期利润和防止实际进入的发生。后续的理论模型还考虑了资产专用性、投资周期、生产能力和成本结构等因素对超额能力阻止进入的不同影响[96-97]。

然而,另一些研究结果表明,维持超额产能无法阻止新厂商进入,反而造成产能过剩。"多个在位者-多阶段"博弈模型的引入,从机制设计的视角拓展了对产能投资战略性动因的研究。Fudenberg等[98]证明在能力和产量的两阶段博弈中,随着支付均等化和租金的耗散,能力投资的进入阻止承诺将变得不可置信。Belleflamme等[99]证明在位者之间如果没有事前的协调,能力投资就无法阻止进入的发生[95]。Yang等[100]通过建立的多阶段博弈模型发现,如果实际的产量低于已经发布的产能规划,就会影响在位者的市场声誉。Anupindi等[101]的双寡头能力竞争模型证明,市场波动是决定企业投资决策的关键因素,能力投资只有和价格、质量竞争相结合,才能减少波动对利润的影响。

此外,还有些学者认为超额能力是否具有策略性进入壁垒效应是有条件的。Robles[102]证明只有在需求充分增长的条件下,超额或"过剩"能力的投资才能限制进入。Bourreau[103]证明需求不确定的性质与需求波动的方向，对进入发生的概率和在位者是否选择先占策略具有相反的作用。

② 因产能竞争的"攀比"而储存超额产能

对于那些规模经济显著、周期波动明显的产业，产能竞争本身就是经营战略的核心环节。有些学者将这类投资行为的性质或结果定义为"攀比""羊群"或"潮流"效应。一方面，领先企业或在位者的产能扩张，会向其他企业传递出需求变化的信息，节约信息甄别的成本，后者会模仿或追随"领头羊"的行为[104]。另一方面，过度自负或对以往经验的依赖，使得企业管理者在能力决策时，倾向于通过提前扩张的手段获得"先动"或"领导"地位[105-106]。此外，面对外部环境的不确定，企业选择跟随行为有可能减少误判的风险或损失[107-109]。Abrahamson等[110]也指出，攀比行为的发生不全部源自"理性效率"或"跟风"行为，还应考虑制度和竞争的压力，即当某些行为被大多数企业认可和实施后，就有可能变成一种习惯或制度"迫使"其他企业不得不选择从众。总之，跟随或模仿领先者的行为，可以减少试错的风险和损失，获得"搭便车"的效果。

由于发展中的企业很容易对下一个有前景的产业产生共识，这一现象更容易发生于发展中国家。林毅夫把这一现象定义为"潮涌现象"，其提出的分析架构，已经成为研究和解释中国产业投资与宏观经济波动的主流范式[4,111]。这一范式的机理是：给定需求信息，由于"行业内企业总数目"是未知的，企业只能在期望意义下进行产能决策，因而在投资完成后，可能发生严重的产能过剩，并且一个行业的前景越好，"潮涌现象"和产能过剩就会更加严重。因此，这一范式认为，产能过剩是一种"个体理性"导致的集体非理性。投资建厂时信息不完全，尤其是"行业内企业总数目不确知"这一因素，构建了一个先建立产能、再进行市场竞争的动态架构，提出"潮涌现象"的微观理论基础，看似"盲目"的结果其实是对其他企业和总量信息了解不足所导致的理性结果。

③ 为保护市场份额而储存超额产能

Spence[112]的模型分析证明，企业投资行为的基本出发点在于维持既有的市场份额，而非限制进入或排斥竞争对手。Green 等[113]的动态模式证明，在寡头垄断结构中，相对于产品价格，市场份额更易观察和监督，如果不能达成市场分割的协议，从利润最大化出发，当竞争者进行产能投资或公布投资规划时，同步跟进是一个相对"保险"的策略。Gilbert 等[104]则认为，在短期内，产能投资具有阻止进入的作用，而随着时间的延续，维持市场份额的压力会增加。

④ 为了应对需求不确定性而窖藏产能

费尔最早提出了企业要素窖藏行为，他认为为了避免企业改变规模所形成的调整成本，企业在需求波动周期的低谷时期并不会改变其生产规模、劳动力以及资产等要素的投入量,而是维持这些超额产能。这一观点得到了学者们的认可。Clark[114]在研究耐用品行业劳动力的窖藏行为中提出,对于企业来说,成本最小的雇用政策是企业在产出下降时雇用比目前产出水平所需更多的劳动力。

由于缺乏要素窖藏的合理测算方法,所以费尔提出的理论一直没有得到经验的证明。直到后来,Fay 等[115]利用 1 000 家美国制造性企业的调查数据证实了需求波动中产能过剩的存在性与广泛性。Fair[116]利用美国制造业的加总数据,通过峰值法测算得到了美国制造业中劳动力要素的窖藏水平和资本要素窖藏水平,并分析生产要素窖藏的特征以及与其他宏观经济变量之间的关系。后来,Burnside 等[117]通过将要素窖藏和实际经济周期模型相结合,以加强实际经济周期模型的传导机制。Burnside 等[118]进一步研究发现,由于要素窖藏行为导致的可变产能利用率进一步加强了实际经济周期模型的传导机制,并利用数据对理论模型进行了校准。以 Buiter[119]、Chou[120]为代表的一些学者在总供给-总需求的框架下,利用数理模型分析了不确定需求下产能过剩形成的机理。然而,由于目前的研究缺乏总体经济周期波动引发厂商的要素窖藏行为,最终导致产能过剩这一过程的刻画和分析,使得一些学者对于产能过剩形成的窖藏理论产生一定的怀疑[121-122]。

(3) 政府产能干预

财政分权和地方官员的晋升体制使地方政府具有强烈的激励企业投资的动机,土地和环境的“模糊产权”问题和预算软约束为地方政府不当干预企业投资提供了重要的手段,这些促使政府采取各种优惠政策为投资提供政策性补贴,以推动本地投资规模的快速扩张,最终导致产业过度投资和产能过剩。以下从政府干预动机的体制基础、政府干预手段和政府干预政策的内容三个方面进行综述。

① 政府干预动机的体制基础

以 GDP 增长为核心的政府官员晋升体制激发了政府促进厂商产能扩张的强烈意愿。在这种体制下,地方政府官员对当地经济发展具有巨大的影响力和控制力,他们具有很强动机来倾斜性地使用一些重要资源(如行政审批的速度、土地征用的成本、贷款的担保力度等)对投资进行政策性补贴,从而扭曲企业投资行为,进而导致大量的产能过剩[123-124]。周黎安[125]用博弈论的观点,基于地方政府官员晋升的视角分析了地方政府干预导致重复建设和产能过剩的内在机制,即各个地方政府为了政绩,不顾条件盲目攀比,对许多项目在明显面临亏损的情况下仍然一哄而上,从而引发行业性的重复建设、产能过剩。

此外,财政分权体制也激发地方政府深度参与经济、干预企业投资。分权型财政体制是指财力分配比例和收支划分结构相对倾斜于地方,使地方拥有较大财力支配权的财政体制。随着放权让利改革的深化以及"分灶吃饭"财政体制的实施,地方政府被赋予了具有较强独立性的经济利益,在整个经济体系中具有了"准市场主体"的地位,具备了"经济人"的特征。分税制改革之后,通过划分中央税、地方税和共享税,确定中央和地方的事权和支出范围,地方政府的经济自主性和独立性提高。由此,财政分权体制加剧了地方政府间的竞争,刺激了地方政府深度参与经济、各地方产业结构趋同,因而导致行业产能过剩问题严重[43]。

② 政府干预手段

土地和环境的"模糊产权"问题以及金融体系的"软预算约束"问题,为地方政府不当干预企业投资提供了重要的手段。我国土地所有权的模糊产权和金融体系的软预算约束,使得为投资企业提供低价土地、减免投资企业税收等投资补贴措施、帮助企业获取金融资源的措施成为地方政府不当干预微观经济、吸引投资的主要手段。

由于土地使用权的购置成本并不属于沉没成本,低价或者零地价供地不只是降低了投资者的土地成本,一旦投资项目运营结束(无论成功还是失败),甚至项目仍在运营当中,土地使用权都可以以远高于获取成本的市场价格转让。由此获得的中间价差,为投资方提供了额外收益,形成对企业投资的实质性补贴。环境产权的模糊与环境保护制度的缺陷,也使得容忍企业污染环境和破坏环境成为许多地方政府投资的手段。由此,地方政府给投资者提供各种各样的优惠条件,如零地价、税收优惠、低电价等以及容忍投资企业污染、破坏环境的行为,极大地降低了私人投资成本,同时,地方政府提供的大量投资补贴收益,使私人投资成本远远低于社会成本,也使私人投资收益远远高于社会收益,从而导致企业过度的产能投资和行业产能过剩[126]。

软预算约束的核心在于国有企业和地方政府在资不抵债的时候有政府救助,不会破产,这导致他们没有自我约束,不负责任地借贷和扩张。近几年来,软预算约束以新的形式迅猛重返,后果严重,表现为地方政府以土地抵押的融资平台大规模借债,各类国有企业以巨额的银行债务为支持,快速地扩张,导致了恶性的产能过剩问题,更重要的是软预算约束以新的形式进入了证券市场,上市企业资不抵债的时候,不破产也不退市,而是由政府通过各种各样的方式向业绩差、严重亏损的上市公司注资,不仅扭曲了金融市场,而且破坏了市场秩序,直接从负面影响创新的融资[127]。

③ 政府干预政策的内容

地方政府产能干预具体政策包括招商引资政策、政策性补贴、税收优惠政策等。地方政府在地区经济竞争中采取的投资优惠(补贴)政策是导致产能过剩的重要原因[128-130]。地方政府主要从以下三个方面导致企业的过度产能投资行为和行业产能过剩。① 地方政府提供低工资、低土地租金、低利率、低资源产品价格等投资补贴,会显著扭曲行业投资企业的投资行为,导致企业过度的产能投资行为,在最终产品价格市场化情况下,要素价格扭曲制造的"经济租"给企业带来很大的预期"超额利润",从而加剧产能过剩问题[131]。② 地方政府为吸引投资和固化本地资源,纵容企业污染环境,使本地高污染企业的生产成本严重外部化,从而导致这些企业出现过度的产能投资和产品生产;普遍的牺牲环境竞争资本流入的做法造成高污染行业过多的产能投入和全社会总福利损失。③ 在地方政府的不当干预下,企业自有投资比率过低,投资风险显著外部化,进而导致企业过度产能投资行为和行业产能过剩[132]。④ 地方政府给濒临破产的企业以更优惠的补贴政策,对其施加压力,形成了行政性退出壁垒,致使效益不佳的企业仍滞留于市场之中,加剧了产能过剩[133]。

1.2.5　产能治理政策的相关研究

中国煤炭产能治理政策的研究十分丰富,从研究方法来看,政策研究可以分为两类,一类是采用仿真技术从而提出定量的政策方案,一类是基于产能政策效果评价或产能波动成因分析从而提出定性的政策措施。前者的研究相对较少,而后者的研究更为丰富。从政策内容上看,政策研究主要涉及落后产能管理和过剩产能管理两个方面。

现有定量的政策方案研究主要采用系统动力学方法。张言方等[133]以当前煤炭市场过剩的现状为基础,开发出适用于煤炭产能过剩的系统动力学(SD)模型,并以 2015 年末煤炭产能 41 亿吨和"十三五"期间煤炭工业平稳发展等为目标,分情景模拟了不同的调控对策变化对煤炭产能过剩的影响,并提出了实际可行的调控方案:年均减少 30% 的低质煤进口对煤炭产能降低是最为有效的;当前阶段煤炭资源税改为从价计征,且税率在 5%～7% 对我国煤炭市场的影响较小;17% 的年落后产能淘汰率较适合我国煤炭工业发展;优化投资结构对煤炭产能过剩的调控能力最强。

定性的政策措施研究较为丰富,政策内容主要涉及落后产能管理和过剩产能管理两个方面。

基于产能成因的分析,设计相应的对策是产能政策研究中最为常见的做法。王立国等[134]深刻剖析了中国行业性产能过剩的形成机理,即政府在经济性规制上"错位"、在社会性规制上"失位",导致行业发展不稳定、分配不公、信息不对称、外部性等问题,引发行业性产能过剩,并由此提出,政府需要在社会性规制上"补位"、在经济性规制上适度"退位",将供求关系交由市场自我调节,减少政府干预。赵昌文等[135]认为当前的产能过剩是经济周期因素与经济体制因素等多种因素的叠加结果,具有鲜明的中国特色,并由此提出,不能完全依靠市场自行化解,短期内需要通过扩大需求、促进兼并重组、淘汰落后产能等多种措施相结合的方法促进供需平衡;但从长期来看,必须要进一步深化改革,建立有利于防范和化解产能过剩的长效机制。Liu 等[136]采用联立方程组模型描述煤炭市场各个变量间的动态因果关系,以此提出切实促进僵尸企业退出煤炭市场,产能政策应更为具体并增强产能政策的执行和监督力度。苏汝劼[137]认为落后产能主要是源于企业和地方政府的利益驱动,而落后产能的利益主要来源于环境资源代价,即高污染、高排放、高物耗、高能耗的社会成本不能内化到企业的生产成本中,淘汰落后产能的难点也在于利益的冲突,并由此提出,应改变只关注事后如何淘汰的传统做法,通过强化立法和加大执法力度,进行相关的配套改革,将落后产能的社会成本内化到企业生产成本中,消除其生存的土壤。丁世勋等[138]认为产能过剩源于高价格和高需求的产能投资,解决产能过剩问题要从根本上变革传统产能扩张模式,建立基于低价格和高需求的产能发展模式。一些学者认为重复建设是导致产能过剩的直接原因,其根源在于中央政府与地方政府政策无法真正形成政策合力,地方政府冲动性投资和盲目实施政绩工程,直接引发产能过剩问题的恶化[139-141]。林毅夫等[4]指出"潮涌现象"下企业投资决策非理性而引发的重复建设是产能过剩产生的原因。王立国等[142]基于"投资潮涌"理论,指出在产能过剩的形成阶段,技术水平落后会影响市场的投资决策,引发和加剧重复建设,最终导致产能过剩;在产能过剩的治理阶段,技术水平落后会阻碍产业结构调整和企业产品出口,减缓过剩产能释放的过程。Wang 等[143]综合采用集成经验模式分解-最小二乘支持向量机-自回归综合移动平均(EEMD-LSSVM-ARIMA)方法,给出了产能过剩成因的定量分析,进而提出了体制改革是产能管理的重点,建立透明的监管系统和完善的煤炭市场信息机制,尽快建立煤炭产能利用率统计系统,借助"一带一路"提升中国煤炭企业参与国际产能竞争的意愿,实现产能的国际转移。

此外,一些学者通过评价产能政策实施效果并分析效果不佳的成因,提出了中国煤炭产能调控对策。这些研究把政策效果不佳归因于政策设计不当和政策执行不力两个方面。

(1) 政策设计不当。Shi 等[144]基于改进的 KEM-中国模型探究了去产能政策带来的预期外的效果,包括需求与供给的差距加大以及煤炭价格和经济成本的增加,并认为这些不合意的结果源于产能政策设计忽略中国各个地区的煤炭价格和产量的异质性。由此建议,不同地区不同煤种的去产能政策应该有所不同,应采用市场调节机制。王宏英等[145]通过评价产能过剩条件下的宏观调控政策取向,提出缓解产能过剩需从提高产业进入壁垒、完善市场退出机制、加快推进政府管理体制、投资体制、财税体制以及金融信贷体制改革入手。周炼石[146]认为产能治理的政策性缺陷表现为两个方面：一是政策目标与工具不协调，过度依赖于公布限产目标；二是集分权政策使用不当，产业结构政策过度分权化。由此提出，尽快建立经济实体的公共政策工具，将直接从经济利益上约束企业投资行为，促进行业的优胜劣汰，避免低水平重复建设。杜飞轮[147]认为部分政策措施效果欠佳，源于市场预期偏差、市场调节机制失灵、政策时效性与协调性弱等，因此政府在治理产能过剩时应该更加注重充分发挥市场机制的作用，并尽快建立系统科学的产能过剩评价指标体系，客观反映行业产能实际状况，以引导投资资金投向。

（2）政策执行不力。当地方利益与中央政策发生冲突时，地方政府对中央政策执行不充分[9]，通过不当经济干预扭曲企业的投资行为，如在政治晋升的激励下对企业投资行为进行违规补贴[148]、对落后产能进行地方性保护等[149-150]。而这一现象主要根源于中国煤炭监管体制的缺陷，即整个架构中权力在水平和垂直方向上的相互关联和重叠，造成监管的复杂性和无效性，应该建立独立于地方的产能管理机构，以避免中央政策在地方执行不力[151-152]。

1.2.6 文献评述

现有文献对产能定义、测算、优化、成因和对策的研究十分丰富，对本书的研究具有重要的借鉴意义，但仍有待在以下几个方面进行拓展和延伸。

（1）在研究思路上，现有产能研究的一般思路是基于产能利用率对产能现状进行基本的判断，分析产能过剩或不足的成因，并由此提出相应的对策。这种循着基于产能利用率的产能"现状—成因—对策"思路的研究为中国产能调控提供了重要的决策依据，但无法回答更为迫切解答的问题：最优产能是多少？目前产能偏离最优产能多少？如何调控才能让中国产能回归到最优产能水平？这些问题一直困扰着我们，增加了政府产能调控的挑战和风险。

（2）在最优产能研究上，从我们获取的文献来看，目前尚未有中国煤炭最优产能研究，甚至未有中国任何行业最优产能的研究。常见的反映产能状况的指标是产能利用率，目前学术界主要集中于对中国各个行业的产能利用率进行测算，并一致认为100%产能利用率并非是划分产能过剩和产能不足的分界线，但对于中国产能利用率的合理区间研究较为缺乏，也尚未形成统一的认识。行业最优产能的测算是监测产能运行状态的重要工具，也是政府产能调控的目标。最优产能测算的缺失为政府是否开展产能调控、产能调整多少等产能调控决策带来了困难。

（3）在产能波动成因研究上，主要集中于产能过剩的成因研究，少有研究以全产能周期视角完整地分析产能全周期波动的成因,从而削弱了研究的力度和深度。而且,在产能过剩成因研究中,基于 20 世纪 90 年代以来的三轮产能过剩的现实,一致认为第一轮和第三轮都受到了周期性过剩产能的影响,然而,在实证研究中,周期性产能过剩并未得到应有的关注。由此,在计量模型构建上,常以反映总产能过剩情况的指标作为被解释变量探究非周期产能过剩成因的实证研究,其研究结果因受到周期性产能过剩波动的干扰而缺乏可靠性。产能成因判断的偏差导致难以提出科学有效的产能调控措施。

(4)在产能调控研究上,现有中国煤炭产能调控机制研究集中于基于产能过剩成因的政策建议研究,由此提出的政策以定性的对策为主,而缺乏定量的政策措施;以孤立的政策为主,缺乏系统的政策组合,从而削弱了中国煤炭产能政策的可操作性,使得产能调控难以实现预期效果。基于定性政策研究的产能调控实践会因政策实施力度过大引发产能震荡发展,或是因政策实施力度不足导致产能调控效果甚微。此外,由于经济社会环境系统是相互关联和相互影响的,单一的产能政策不仅会对产能产生影响,还会对经济、社会和环境带来积极或消极的影响,同时,各个产能政策之间可能会存在协同效应或挤出效应,这些都会使得政策结果偏离产能目标,并带来非期望的经济社会环境成本。

1.3　概念界定

基于本书的研究需要,定义以下几个重要概念。

(1)全产能周期

全产能周期是指产能所经历的产能不足、产能大幅扩张、产能过剩、产能收缩和退出、产能出清的全过程。这一概念与产能周期的某一阶段相对应,如产能过剩和产能不足。

(2)边界产能

边界产能是指实际投入的生产要素被充分利用时的产出,用于衡量在行业实际生产要素投入约束下的最大产出水平,是一种潜在产出的概念[153-155]。为了更清楚地理解这一概念,先厘清潜在产出(产能)和实际产出(产量)的概念,如表 1-2 所示。产量是实际产出,即利用现有生产要素在现实条件下实际生产的数量。而产能是指潜在产出,不受除生产要素之外的其他现实条件约束。除了边界产能,还有学者提出了经济产能和设计产能等产能概念。经济产能是从企业成本或利润角度对产能进行定义的,是指企业生产达到成本最小化或利润最大化时的"最经济"的产出水平,根据经济学理论,这一产出水平即厂商达到均衡状态时所对应的产出水平[25-26,28-29]。设计产能概念基于生产设备的工程设计标准的产能概念,是指企业设备的设计任务书和技术设计文件中所规定的生产能力[156-158]。

表1-2　产量和产能概念

名称	基本含义	分类	具体含义	适用性
产量	实际产出		利用现有生产要素在现实条件下实际生产的数量	
产能	潜在产出	边界产能	实际投入的生产要素被充分利用时对应的生产能力	适用于各种市场类型
		经济产能	企业生产达到成本最小化或利润最大化时的"最经济"的产出水平,也是厂商达到均衡状态时所对应的产出水平	适用于市场机制完善的行业
		设计产能	企业设备的设计任务书和技术设计文件中所规定的生产能力	适用于各种市场类型;需要获取行业内各个企业的设计产能数据或者统计数据,其真实有效性取决于能否包含所有企业的准确的设计产能数据

本书采用边界产能概念的原因在于:① 对于经济产能来讲,由于目前中国煤炭行业的落后产能普遍存在,且非市场因素影响作用较大,这一概念中生产成本最小化、利润最大化、长期市场均衡等假设并不完全适用于中国煤炭行业[159-160]。② 对于设计产能来讲,虽然这一概念适用于各类型市场,但数据难以获取。从一手资料上来看,本研究需要1990—2017年的产能数据,历史年份数据无法通过微观企业调研方法获取;从二手资料来看,目前尚未有统一口径的1990—2017年的中国煤炭产能的统计数据。而且,官方统计数据的真实有效性取决于其能否包含所有企业的准确的设计产能数据,若存有非法经营的煤矿隐瞒产能信息或者煤矿上报的产能水平低于实际产能水平等现象,煤炭产能的统计数据可能会低估实际产能水平。从现可获得的统计数据来看,虽然《中国煤炭工业年鉴》统计了1949—2008年的县营3万吨以上的煤炭产能数据,但是,不少年份产能产出小于产量产出,即产能利用率超出了100%,说明这一产能数据很可能低估了中国煤炭产能。③ 边界产能并未对市场类型进行限制,适用于存在非市场因素影响的中国煤炭行业,且所需的生产要素投入量和产出量数据易于获取,可采用的计算方法成熟。

此外,值得说明的是,由于边界产能是根据实际中生产要素数量计算而得,所以本书把边界产能作为实际产能的估计值,在下文里把其简称为"实际产能"。

（3）跨期最优产能

跨期最优产能界定为在考察时间段内累积期望产能成本最小化下的各期产能水平,在下文里简称为"最优产能"。其中,产能成本包括窖藏成本、生产成本、缺货成本和退出成本。就本书而言,考察时间段为1990—2025年,本书所求解的跨期最优产能即在1990—2025年内累积期望产能成本最小化下的各期产能数量。

本书采用跨期最优产能概念而非静态、单期的最优产能概念的原因在于在考察时间段内,单期最优产能下的累积成本可能会高于跨期最优产能的累积成本,从而引发资源浪费。比如,当需求量长期下降时,对于单期产能优化决策来讲,由于单位产能的窖藏成本远远低于单位产能的退出成本,所以为了实现单期成本最小化,实现单期最优产能即维持原有的产能数量。而对于跨期产能优化来讲,虽然单位产能的窖藏成本远远低于单位产能的退出成本,但是只要当多期累积的窖藏成本高于退出成本时,为了实现考察期内累积成本最小化,实现跨期最优产能即减少产能数量,从而降低累积成本并减少资源浪费。

（4）产能偏离

为了描述实际产能与最优产能的偏离情况,定义了产能偏离水平和产能偏离度两个概念。

① 产能偏离水平

产能偏离水平是指实际产能和最优产能的差值,反映实际产能偏离最优产能的大小。当产能偏离水平为正值时,说明实际产能高于最优产能;当产能偏离水平为负值时,说明实际产能低于最优产能;当产能偏离水平为零时,说明实际产能等于最优产能。

② 产能偏离度

产能偏离度用于反映实际产能偏离最优产能的程度,其计算方法如式（1-6）所示。

$$产能偏离度 = （实际产能 - 最优产能）/ 最优产能 \tag{1-6}$$

产能偏离度的取值范围为$[-1,1]$。正值的产能偏离度表示实际产能超出最优产能;负值的产能偏离度表示实际产能低于最优产能;产能偏离度取零表示实际产能等于最优产能。产能偏离度的绝对值越大,表示实际产能偏离最优产能的程度越高。

基于是否来源于需求冲击,把产能偏离度进一步解构为产能自然偏离度和周期偏离度。相应的,产能偏离水平解构为产能自然偏离水平和周期偏离水平。

第 2 章　中国煤炭边界产能的测算

2.1　边界产能的测算

2.1.1　概念界定与模型选择

（1）概念界定

目前,学界从不同角度对产能进行界定,主要包括边界产能、设计产能和经济产能等产能概念,如表 1-2 所示。本书采用边界产能的概念,即实际投入的生产要素被充分利用时的产出,用于衡量在行业实际生产要素投入量约束下的最大产出水平,并把所测算的边界产能作为实际产能的估计值[153]。

本书采用边界产能概念而非设计产能和经济产能概念的原因在于:① 对于经济产能来讲,由于目前中国煤炭行业的落后产能普遍存在,且受非市场因素影响作用较大,这一概念中生产成本最小化、利润最大化、长期时市场均衡等假设并不完全适用于中国煤炭行业[159-160]。② 对于设计产能来讲,虽然这一概念适用于各类型市场,但难以获取真实有效的数据。从一手资料上来看,本研究需要1990—2017 年的产能数据,历史年份数据难以通过微观企业调研方法获取;从二手资料来看,目前尚未有统一口径的 1990—2017 年的中国煤炭产能的统计数据,而且官方统计数据的真实有效性取决于其能否包含所有企业的准确的设计产能数据,若存有非法经营的煤矿隐瞒产能信息或者煤矿上报的产能水平低于实际产能水平等现象,煤炭产能的统计数据都可能会低估实际产能水平。从目前可获得的统计数据来看,虽然《中国煤炭工业年鉴》统计了 1949—2008 年的县营 3 万吨以上的煤炭产能数据,但是不少年份产能产出小于产量产出,即产能利用率超出了 100%。而作为最大潜在产出,产能理论上应该高于产量产出的,这说明这一产能数据很可能低估了中国煤炭行业总产能水平。③ 边界产能并未对市场类型进行限制,适用于受非市场因素影响的中国煤炭行业,且基于这一概念的测算方法成熟有效,数据易得[159]。因而,本书以边界产能概念来界定中国煤炭产能。

（2）模型选择

不同的产能概念对应于不同的测算方法。在 1.2 节综述的产能测算方法中，适用于边界产能的测算方法包括统计技术法、生产函数法、"产出资本"比率法和数据包络分析法等。在这些方法中，本书采用生产函数法测算中国煤炭边界产能，原因在于：① 对于统计技术法和"产出资本"比率法，虽然计算过程简单、数据易于获取，但忽略了经济变量之间的相互影响，无法解释煤炭产能供给面的特征。② 数据包络分析法可以直接利用线性优化估算边界生产函数与距离函数的参数，但并未给出生产函数形式，从而无法为本书后续研究提供产能与投入要素方程式。③ 生产函数法基于经济增长理论揭示产出与投入要素的关系，以分析资本、劳动、技术进步对产能的贡献度，具有经济理论基础，在测算过程中采用多个经济变量，可获取更多的信息，从而提升产能测算的准确性，可为本书后续研究提供产能与投入要素方程式[161]。这一方法已广泛用于各个行业产能的估算[20-153,162]。因此，本书采用边界生产函数法测算 1990—2017 年中国煤炭边界产能。

2.1.2 模型的构建

（1）基本模型的构建

Aigner 等[163]最早提出了测算产能的边界生产函数法。边界生产函数能够反映投入要素与其充分利用所产生的产能产出的关系。在实际生产过程中，由于宏观环境和微观条件等多因素的影响，对于给定生产要素投入，产量产出往往低于或等于投入要素充分利用下的潜在产出。由此，边界生产函数估算产能的原理是：由最小二乘法估算出平均生产函数的参数，并将平均生产函数向上平移至其残差小于等于零，得出边界生产函数，从而实现边界生产函数所拟合的潜在产出高于或等于所有产量产出[164]。

本书采用应用最为广泛的 Cobb-Douglas 生产函数，其基本形式为：

$$Y = AK^{\alpha}L^{\beta}e^{-u}(u \geqslant 0) \tag{2-1}$$

式中，Y 表示产出；A 表示技术水平；K 和 L 分别表示资本和劳动力投入；α 和 β 分别表示资本和劳动力产出弹性；e^{-u} 表示生产的非效率。

对式（2-1）两边取对数，得出线性的生产函数，如式（2-2）所示。

$$\ln Y = \ln A + \alpha \ln K + \beta \ln L - u \tag{2-2}$$

基于边界生产函数的界定，可知相应的边界生产函数为：

$$\ln Y^{*} = \ln A + \alpha \ln K + \beta \ln L \tag{2-3}$$

式中，Y^{*} 表示最大潜在产出水平，即产能。令 $\ln A = \delta$，$E(u) = \varepsilon$，式（2-3）转换为式（2-4）：

$$\ln Y = \ln A + \alpha \ln K + \beta \ln L + (\delta - \varepsilon) - (u - \varepsilon) \qquad (2-4)$$

由于 $E(u-\varepsilon)=0$，利用 OLS 对式(2-4)估计，可得到平均生产函数，如式(2-5)所示。

$$\ln \hat{Y_i} = \hat{\alpha_i} \ln K + \hat{\beta_i} \ln L + (\delta - \hat{\varepsilon}), i = 1, \cdots, n \qquad (2-5)$$

基于边界生产函数所拟合的潜在产出高于所有产量产出，进一步求解残差 $\hat{\varepsilon}$，如式(2-6)所示。

$$\max\{\ln Y - \ln \hat{Y}\} = \max\{\ln Y - [\hat{\alpha} \ln K + \hat{\beta} \ln L + (\delta - \hat{\varepsilon})]\} \qquad (2-6)$$

把式(2-6)得出的残差 $\hat{\varepsilon}$ 代入式(2-5)，得出 $\hat{\delta}$，那么，边界生产函数为：

$$\hat{Y}^* = e^{\hat{\delta}} K^{\hat{\alpha}} L^{\hat{\beta}} \qquad (2-7)$$

（2）单位根检验

由于模型所涉及的产出、资本和劳动力等经济序列常常表现出非平稳性，而非平稳序列的回归往往会产生伪回归问题，所以，本书采用 ADF、ERS、PP、KPSS、ERSPO 等五种方法对产出、资本和劳动力序列进行单位根检验，如表 2-1 所示。检验结果表明 $\ln Y$、$\ln K$ 和 $\ln L$ 序列的水平值和一阶差分都是非平稳的，二阶差分都是平稳的，即这三个序列都为二阶单整。

表 2-1　单位根检验

序列名	检验方法					平稳性
	ADF	ERS	PP	KPSS	ERSPO	
$\ln Y$	-0.396	-0.444	-0.325	0.657^{**}	36.917	非平稳
$\ln K$	1.935	-0.153	1.508	0.717^{**}	286.835	非平稳
$\ln L$	-2.119	-1.885	-1.500	0.232	3.401	非平稳
$\Delta \ln Y$	-2.922	-2.90^{***}	-2.113	0.136	1.306^{***}	非平稳
$\Delta \ln K$	-2.453	-2.496^{***}	-2.285	0.423^{*}	2.858	非平稳
$\Delta \ln L$	-2.058	-2.104^{**}	-2.000	0.110	4.108	非平稳
$\Delta^2 \ln Y$	-2.922^{**}	-3.368^{***}	-3.366^{**}	0.089^{***}	2.300^{**}	平稳
$\Delta^2 \ln K$	-5.891^{***}	-3.763^{***}	-5.566^{***}	0.239	1.327^{***}	平稳
$\Delta^2 \ln L$	-6.012^{***}	-6.084^{***}	-6.012^{***}	0.127	2.160^{**}	平稳

注：$***$、$**$、$*$ 分别表示在 1%、5% 和 10% 显著性水平下显著。Δ 表示一阶差分，Δ^2 表示二阶差分。若这五种方法检验的结果不一致，由居多数的检验结果判定其平稳性。

（3）协整检验

由于所有序列都是二阶单整，所以可以进行协整检验。为了协整检验，首先构建由 ln Y、ln K 和 ln L 组成的 VAR 模型,并基于 LL、LR、FPE、AIC、HQIC 和 SBIC 等准则检验最优的滞后阶数,检验结果表明最优滞后阶数是 4 阶;然后,利用 Johansen 检验 VAR(4)模型是否存在协整关系,如表 2-2 所示,根据特征根迹检验,该模型存在协整关系。

表 2-2 协整检验

最大协整向量个数的零假设	特征值	迹检验统计量	5%显著性水平的临界值
0	0.816	49.723	29.680
1	0.415	12.176**	15.410
2	0.017	0.371	3.760

注:** 表示在 5%显著性水平下显著。

2.1.3 样本与数据来源

基于数据的可得性,本书选取的样本区间是 1990—2017 年,中国煤炭产量、煤炭行业的资本存量和劳动力数量的描述性统计分析如表 2-3 所示,它们的测算方法和数据来源如表 2-4 所示。

表 2-3 描述性统计分析

变量	变量名称	单位	个数	均值	标准差	最小值	最大值
Y	中国煤炭产量	万吨	26	208 173	112 687	94 708	414 742
K	煤炭行业资本存量	万元	26	18 489 630	14 491 872	5 672 146	51 770 963
L	煤炭行业劳动力投入量	人	26	4 983 467	796 625	3 720 573	6 267 095

表 2-4 测算方法和数据来源

变量	测算方法	数据来源
Y	采用原煤产量测量煤炭产出	原煤产量数据来自《中国煤炭工业年鉴》和《煤炭行业发展年度报告》
K	采用以 1990 年价格作为基准年价格的煤炭工业固定资产年平均余额衡量资本量	固定资产投资价格指数和固定资产年平均余额数据来自《中国工业统计年鉴》和《中国统计年鉴》
L	采用煤炭工业全部从业人员年平均数量测算劳动力投入	煤炭工业全部从业人员年平均数量来自《中国工业统计年鉴》和《中国统计年鉴》

2.1.4　估算结果

边界生产函数的参数估算结果如表 2-5 所示,可以看出,所有的参数皆通过了 1% 显著性水平下的 t 检验,说明资本存量、劳动力投入、技术水平都显著地影响了产出。而且,R^2 的值为 0.943,F 值也在 1% 显著性水平下显著,说明模型拟合效果良好,煤炭行业的资本存量、劳动力投入、技术水平很好地解释了煤炭产出。

表 2-5　参数估算结果

$\hat{\alpha}$	$\hat{\beta}$	$\delta - \hat{\epsilon}$	$\hat{\delta}$	R^2	F 值
0.710***	0.656***	−9.695***	−9.484	0.943	190.880***
(0.036)	(0.161)	(2.663)			

注:*** 表示在 1% 显著性水平下显著;括号内值为标准误。

通过把历年的资本存量和劳动力投入数据代入边界生产函数中,可以得出产能产出。在此基础上,通过计算产量和产能的商可以得出产能利用率及其描述性统计量。中国煤炭历年产量、产能和产能利用率如表 2-6 和图 2-1 所示,产能利用率的描述性统计量如表 2-7 所示。

表 2-6　中国煤炭历年产量、产能和产能利用率(1990—2017 年)

年份/年	产量/亿吨	产能/亿吨	产能利用率/%
1990	10.796	14.946	72.233
1991	10.767	15.856	67.905
1992	11.056	15.299	72.266
1993	11.426	14.075	81.179
1994	12.287	13.421	91.551
1995	13.491	14.304	94.316
1996	13.822	16.416	84.198
1997	13.619	17.079	79.741
1998	12.309	15.109	81.468
1999	9.869	15.005	65.771
2000	9.471	14.696	64.445
2001	10.565	14.464	73.043
2002	12.977	15.675	82.788

表 2-6(续)

年份	产量/亿吨	产能/亿吨	产能利用率/%
2003	15.564	16.708	93.153
2004	18.298	18.298	100.000
2005	20.357	20.551	99.056
2006	22.265	25.022	88.982
2007	24.157	27.731	87.112
2008	27.198	32.383	83.989
2009	29.843	37.146	80.340
2010	34.882	41.614	83.823
2011	39.440	43.366	90.947
2012	41.474	48.643	85.262
2013	39.473	53.015	74.456
2014	38.535	54.187	71.115
2015	37.311	52.433	71.159
2016	34.100	50.731	67.217
2017	35.200	46.367	75.916

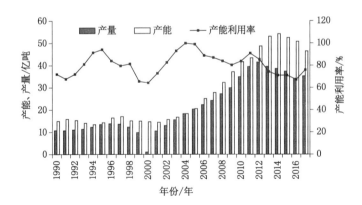

图 2-1 中国煤炭产量、产能和产能利用率(1990—2017 年)

表 2-7 中国煤炭产能利用率的描述性统计量

均值	标准差	最大值	最小值
80.959	9.997	100.000	64.445

从已有文献所涉及研究年份来看,本书所测算的历年煤炭产能及其产能利用率的测算结果与已有研究结果的变化趋势基本一致,相比误差不大[165-167]。同时,本书测算模型和测算方法选择合理,参数估算结果具有无偏性和一致性,因此,本书所估算的产能和产能利用率可作为实际产能和实际产能利用率的有效估算值。

2.2　边界产能的周期波动特征分析

2.2.1　产能周期的概念界定和阶段划分

中国煤炭产能周期的理论渊源在于产能投资周期。产能投资周期也称为朱格拉周期,是经济波动中的主周期,是主流经济学家非常重视的一种经济周期[168-169]。产能投资周期描述了设备投资、就业雇佣等产能投资的周期性扩张以及收缩调整行为,企业产能调整活动是宏观经济运行在微观上的表现,企业的扩产能或去产能行为表明了对未来国民经济景气的预期[170]。

实业经济周期理论认为经济周期性波动的过程同时也是产能调整的过程,这是因为投资由企业的利润驱动,而利润由成本和价格决定并周期性地波动[171]。一轮完整的周期分为四个阶段:第一个阶段,在经济繁荣的时候,企业家过度乐观,导致产能扩张以及随后的产能过剩。第二个阶段,由于产能过剩,供过于求,供求格局恶化,引发通缩。在通缩过程中,中小企业退出,大企业淘汰落后产能,这是一个供给出清的过程。第三个阶段,产能出清尾声,行业集中度大幅提升,剩者为王,企业利润改善,开始修复资产负债表,为新一轮产能扩张蓄积力量。但因为刚刚过完冬天,企业对未来前景仍然谨慎,新增产能扩张不是很明显。第四个阶段,随着企业盈利持续改善和资产负债表修复,引发新一轮经济复苏和产能扩张[172]。

基于实业经济周期理论,可给出中国煤炭产能周期的定义和阶段划分。如前所述,基于经济周期性波动的过程同时也是产能调整的过程这一观点,可以推理,煤炭需求的周期性波动的过程同时也是产能调整的过程。借鉴产能投资周期的定义,定义煤炭产能周期包括煤炭产能投资的周期性扩张以及收缩调整行为。一轮完整的煤炭产能周期亦可分为四个阶段:第一个阶段,经济复苏,引发新一轮煤炭产能扩张。第二个阶段,在经济繁荣的时候,煤炭需求旺盛,企业家过度乐观,导致煤炭产能扩张以及随后的煤炭产能过剩。第三个阶段,由于煤炭产能过剩,供过于求,供求格局恶化,引发煤价下降。在漫长煤价下跌的过程中,中小企业退出,大企业淘汰落后产能,这是一个供给出清的过程。第四个阶段,煤炭产能出清尾声,行业集中度大幅提升,企业利润改善,开始修复资产负债表,为新一轮煤炭产能扩张蓄积力量。此时,煤炭企业对未来煤炭行业前景仍然谨慎,产能扩张不是很明显。

2.2.2 中国煤炭边界产能周期波动的特征分析

基于上述煤炭产能周期的定义和煤炭产能周期的四个阶段划分,并考虑煤炭产能增速、煤炭产能利用率、煤炭需求和煤炭价格等指标的波动(见图 2-2 和图 2-3),在 1990—2017 年间,中国煤炭行业经历了两轮产能周期,如图 2-3 所示。

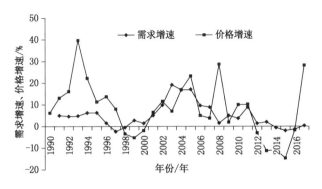

图 2-2 中国煤炭市场周期波动

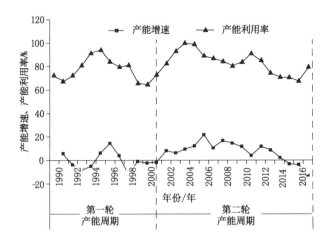

图 2-3 中国煤炭产能周期

（1）第一轮煤炭产能周期（1990—2001 年）

在这一产能周期的前期（1990—1993 年），中国市场经济体系还未完全建成，煤炭价格还未完全放开，煤炭产能周期特征还不十分明显。自 1994 年起，中国取消了对煤炭价格的控制，煤炭价格由市场决定，市场机制对煤炭产能开始发挥主要调节作用，煤炭产能波动开始出现明显的周期特征。

① 第一阶段（1990—1994 年）。自 1990 年，国家开始采取扩大投资刺激经济回升的措施，1992 年国内生产总值增速达到 14.200%，中国经济开始复苏，引发煤炭需求增加，煤炭需求增速从 1991 年的 5.009% 上升到 1994 年的 6.239%，这引发煤炭市场供不应求，推动煤炭价格大幅度增加，煤价增速从 1991 年的 13.100% 上升到 1994 年的 22.200%。这进一步推动产能利用率不断提升，从 1990 年的 72.232% 上升到 1994 年的 91.554%，从而促使煤炭产能开始新一轮的扩张。

② 第二阶段（1995—1996 年）。1990—1994 年间不断上升的煤价让企业对煤炭行业前景产生良好的期望，自 1994 年起逐步发展起来的财政分权制度，让地方政府对煤炭行业的投资激励意愿和能力不断增强。这推动煤炭行业掀起了产能投资的浪潮，1995 年和 1996 年煤炭产能增速分别达到 6.576% 和 14.766%，产能利用率开始下降，从 1995 年的 94.318% 下降到 1996 年的 84.200%，这为下一阶段的产能过剩埋下了隐患。

③ 第三阶段（1997—1999 年）。自 1997 年起，煤炭需求下滑和前期的产能扩张导致产能过剩，产能利用率从 1997 年的 79.740% 下降到 1999 年的 65.772%，煤炭行业处于供过于求状况。这导致煤炭价格大幅度下滑，价格增速从 1997 年的 8.000% 下降到 1999 年的 -5.200%，煤炭行业大范围亏损。在国家"关井压矿"政策的进一步推动下，中小企业大量退出，大企业淘汰落后产能，由此形成供给出清的过程。

④ 第四阶段（2000—2001 年）。产能出清结束，产能利用率开始呈增加趋势，行业集中度大幅上升，企业利润改善，煤价开始上涨，煤价增速从 2000 年的 -1.900% 上升到 2001 年的 6.500%，这为新一轮产能扩张蓄积力量。

（2）第二轮煤炭产能周期（2002—2017 年）

① 第一阶段（2002—2003 年）。随着企业盈利持续改善和资产负债表修复，引发新一轮经济复苏和产能扩张。

② 第二阶段（2004—2007 年）。自 2003 年起，中国经济进入了快速发展通道，国内生产总值呈两位数增长，带动煤炭需求快速增长，煤炭企业产生良好的市场预期，中国煤炭行业进入了快速发展的"黄金十年"。煤炭产能大幅度扩张，2004—2007 年煤炭产能基本呈两位数增长，2006 年煤炭产能增速甚至高达

21.757%。

③ 第三阶段(2008—2016 年)。2008 年全球金融危机爆发,危及中国经济增长,煤炭需求增速从 2007 年的 8.868% 下降到 2008 年的 1.524%,中国煤炭市场处于供过于求的状态,产能利用率开始下降,从 2007 年的 87.111% 下降到 2008 年的 80.340%。随着国家出台 4 万亿投资计划,引发全社会投资的增长,由此带动煤炭需求的增长,从而在一定程度上改变了这一阶段的产能周期特征。这使得在 2009—2011 年出现了短暂的第二阶段的特征,中国煤炭产能仍以两位数扩张。在 2012—2016 年,由于前期的煤炭产能投资浪潮和国内需求不足,煤炭市场具有供过于求的压力,煤炭价格自 2012 年开始大幅度下滑,在 2013—2015 年,煤价呈两位数负增长,煤炭行业大面积亏损。国家陆续出台防范煤炭产能过剩的政策,明确提出年度淘汰落后产能的任务[16],在 2016 年,政府进一步加大煤炭"去产能"的力度,明确各个省份的"去产能"任务,迫使煤炭产能迅速退出[18-19]。

④ 第四阶段(2017 年)。产能出清接近尾声,煤价开始上涨,煤价增速从 2016 年的 −1.700% 上升到 2017 年的 28.200%,企业利润开始改善,煤炭企业开始修复资产负债表,产能利用率开始提升,从 2016 年的 67.218% 上升到 2017 年的 75.915%,行业集中度亦不断提升,煤炭行业前八家原煤产量占比从 2016 年的 35.920% 上升到 2017 年的 39.740%。这一阶段在 2017 年还没进行完成,预期会延续至 2019 年。

第3章 中国煤炭跨期产能的优化

3.1 跨期产能优化模型的构建

为了构建中国煤炭跨期产能优化模型,首先,分析需求波动和需求不确定性下的最优产能决策,在此基础上,设计跨期最优产能决策的动态规划模型;然后,构建在动态规划模型中所涉及的各个函数;最后,设计动态规划模型的求解算法。

3.1.1 动态规划模型的构建

一般而言,从煤矿产能投资决策到生产运营的周期长达5～10年,企业在某一年的产能决策会影响其在5～10年后煤炭生产能力。因此,煤炭企业需要基于对未来需求波动的预期做出产能决策。然而,未来需求的波动性和不确定性给产能决策造成了多重挑战。为此,首先,假设在考察时间段内煤炭需求量已知,仅分析需求波动性引发的产能决策困境,提出可以破解这一困境的规划模型;然后,放宽需求确定性的假设,在需求确定性产能决策规划分析的基础上,讨论未来需求不确定性引发的产能决策困境;最终,提出应对未来需求的波动性和不确定性的最优产能决策模型。

(1)需求波动下最优产能决策

如图2-2可见,自改革开放以来,中国煤炭需求经历了大幅度的波动。煤炭需求的最大值是最小值的6.955倍之多,煤炭需求最低以−2.342%的年增速下降,最高以19.105%的年增速上升。煤炭需求的这种剧烈波动性,导致在煤炭需求已知的情景下,煤炭产能决策仍面临着两难之处。面对需求的大幅度波动,煤炭行业在考察时间段内要么沿着需求波动的轨迹频繁地调整产能,要么基于产能总体增长趋势持续稳定地增加产能,其中,后者又可分为持续维持较高水平产能和较低水平产能两种情景,如图3-1所示。

这三种产能策略皆既有优于其他两者之处,又有不可避免的问题。① 产能策略1:产能沿着需求波动的轨迹频繁地调整产能。这种策略既可以避免因持

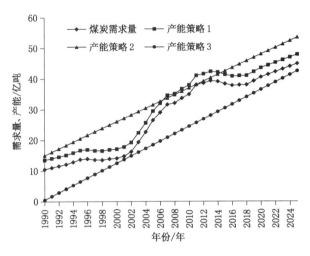

图 3-1　煤炭需求和产能策略

续维持过多产能而引发的窖藏成本和产能过剩,也可以避免因持续维持过少产能而产生的缺货成本。然而,产能的频繁调整会增加产能调整成本,特别是退出成本,进而产生资源浪费,加重社会运行成本。产能调整引发的退出成本主要包括固定资产沉没成本和人员安置成本。由于煤炭行业的固定资产和所需的劳动技能皆具有较高的专用性,所以,把其转移到其他产业再利用的可能性低。此外,煤炭行业就业人口还面临着再就业难度高和成本高的双重压力。因此,煤炭产能的频繁退出会增加资源浪费,加重社会运行成本。② 产能策略 2:持续维持较高水平产能。这一策略不仅减少因产能频繁调整引发的高额退出成本,而且减少因产能不足引发的缺货成本。然而,维持过多的超额产能不仅会增加因维护超额产能引发的窖藏成本,还会使得中国煤炭行业面临产能过剩的风险。从中国煤炭产能已经历的两轮产能过剩可见,产能过剩会引发大量的资源浪费、煤炭价格的大幅度下跌、煤炭行业大面积亏损和大规模的失业。③ 产能策略 3:持续维持较低水平产能。这一策略不仅减少因产能频繁调整引发的高额退出成本,又可避免因维持多产能引发的产能过剩问题。然而,企业维持过少产能会带来缺货成本,甚至会导致煤炭行业陷入严重产能不足的状况,进而增大了能源安全的风险,增加了工业生产成本,甚至导致全社会的通货膨胀。

综上所述,即使考察时间段内需求量已知,面对煤炭需求量大幅度波动,煤炭产能决策仍会陷入困境:若维持过剩产能过多,会增加产能窖藏成本;若维持过剩产能过少,会因供应不足产生缺货成本;若随着需求波动频繁调整产能数量,会增加大量的产能调整成本,特别是产能退出成本。因此,破解煤炭产能决策困境的关键在于平衡好窖藏成本、缺货成本、退出成本三者之间的关系。

除了上述三种成本,产能决策还应考虑煤炭产能建设和运行所引发的环境成本。煤矿产能建设会因占压土地而破坏土地资源[173]。有必要通过定量考察土地破坏成本和土地复垦成本,把环境成本内部化。由此,最优的产能决策应是实现环境成本内部化下窖藏成本、缺货成本、退出成本等总成本最小化的产能决策。

值得注意的是,静态、单期的产能优化难以寻求可以实现整个考察时间段内最小产能成本的产能决策路径,这是因为在考察时间段内,以每年产能成本最小化为目标得出各个年份产能成本之和,往往会高于整个考察时间段内跨期最小成本。比如,当煤炭需求大幅下降时,当期产能退出成本很可能远远高于当期窖藏成本,以单期产能最小化为目标的最优产能决策是维持过剩产能。如果未来几期的煤炭需求保持不变甚至持续下降时,由于每一期的退出成本都高于当期的窖藏成本,所以,在未来几期,以单期产能最小化为目标的最优产能决策仍是维持过剩产能。然而,由于某一期退出成本很可能会高于多期的窖藏成本之和,所以,对于未来需求持续没有上升的情况,在当期选择退出产能虽然大大提升了当期的成本,但在整个考察时间段内可以实现总成本最小化,从而有利于减少资源的浪费,促进资源的优化配置。为此,引用以考察时间段内总成本最小化为目标的动态规划模型,由此求解实现整个考察时间段内总成本最小化的各个年份最优产能。

此外,有必要对煤炭产能的下限进行约束。虽然在目标函数中已经考虑了缺货成本,但是,由于煤炭作为中国主体能源,煤炭的供应短缺会危及国家能源安全和社会经济的稳定运行[174-175]。因此,把保障国家能源安全的最低煤炭产能作为产能的下限。

综上所述,在需求量已知的假设下,以煤炭产业的窖藏成本、缺货成本、退出成本和环境成本等整个考察时间段内总成本最小化为目标函数、以保障国家能源安全的最低煤炭产能作为产能约束条件,寻求在考察时间段内跨期最优的煤炭产能决策。

（2）需求不确定下的最优产能决策

在需求波动下最优产能决策分析的基础上,放松煤炭需求已知的假设,进一步探讨未来需求不确定下最优产能决策。

中国煤炭需求受到多重因素共同影响且这些因素在未来存在很大程度的不确定性,因而,精准预测未来煤炭需求量的可能性很小,煤炭需求已知的假设难以适用当前产能决策。煤炭需求主要受到经济增长、产业结构、能源结构、国家经济环境政策等因素重要影响[176-178]。而这些影响因素也会受到多重因素的影响,影响因素众多且相互影响,因此,无论是煤炭需求预测,还是煤炭需求影响因素的预测,其预测精度都难以保证。从对以往年份(在研究时是"未来"年份)煤炭需求量的预测结果来看,虽然选用了精良的预测工具,但是仅对未来 1~2 年的煤炭需求预测相对准确。对未来 5~10 年的煤炭需求预测结果与实际煤炭需求存在较大的误差。然而,从煤炭产能投资决策到产能运行需要 5~10 年的时间,企业需要基于对未来 5~10 年的煤炭需求预期做出产能决策,因而,对未来 5~10 年煤炭需求预期的准确性直接关系当前产能决策的正确性。因此,从已有煤炭需求的预测结果可以推断,煤炭需求已知的假设难以适用当前产能决策。更重要的是,当前,中国正处于经济增速换挡期、经济增长方式转型期以及产业结构和能源结构的调整期,与以往相比,这些煤炭需求的影响因素在未来将存在很大程度的不确定性,必然提升未来煤炭需求的不确定性,进一步减小了精准预测未来煤炭需求的可能性[179-180]。因此,需求确定下跨期最优产能决策模型的构建思路难以有效指导当前的煤炭产能投资决策,有必要在需求确定下的跨期最优产能决策分析基础上,充分考虑未来 5~10 年煤炭需求的不确定性,提出需求不确定下跨期最优产能决策,从而更好地指导当前产能决策实践。

为了更好地考察未来 5~10 年煤炭需求的不确定性,比较分析现有需求不确定性的建模方法。需求不确定性的主要建模方法主要包括时序数据预测法、随机过程法、影响因素分析法、仿真法和情景分析法等以及这些方法的组合。

在上述需求不确定性构建方法中,一种常见的构建思路是,仅基于历史煤炭需求数据,发现过去几十年煤炭需求的演变规律,由此预测未来煤炭需求量或未来煤炭需求概率分布。但是,以下两方面的原因导致其难以很好预测未来煤炭需求。

① 中国正处于经济增速换挡期、经济增长方式转型期以及产业结构和能源结构的调整期,煤炭需求的重要影响因素很可能不再沿着历史演化规律演化,这将导致未来煤炭需求量也很可能不再沿着历史自身演化规律演化。近几年,中国经济进入"新常态",从高速增长转为中高速增长,经济增长方式由不可持续性向可持续性转变、由高碳经济型向低碳经济型转变、由投资拉动型向技术进步型转变,等等。能源行业"十三五"规划对能源结构做出明确规划,即到 2020 年,煤炭消费总量控制在 42 亿吨,煤炭占一次能源比重在 62%以内。经济增速、产业结构和能源结构作为影响煤炭需求的关键因素,这些因素在近年来以及未来年份的重大转变,势必会改变中国煤炭需求的增长路径,最终导致以往煤炭需求量的演变规律将不再很好地适用于未来需求预测。

② 煤炭需求经历着从原有的无约束下煤炭需求到未来环境约束下煤炭需求的转变,未来煤炭需求将很大程度上受到国家环境政策和国际承诺的约束,从

而导致以往煤炭需求的演变规律难以很好地适用于未来煤炭需求预测。以往的煤炭需求量较少受到环境约束,基于煤炭相关二氧化碳占中国总二氧化碳排放比例高达 83.73%,拉动了中国总碳排放迅速增加。此外,煤炭的大量燃烧还导致雾霾污染,危及公共健康、生态系统[7,181]。由此,国家提出了明确的碳排放目标和煤炭需求量峰值。在 2009 年哥本哈根会议上,中国承诺到 2020 年单位国内生产总值二氧化碳排放比 2005 年下降 40%~45%。中国的中期目标是在 2030 年左右二氧化碳排放达到峰值且将努力早日达峰,单位国内生产总值二氧化碳排放比 2005 年下降 60%~65%。其中,煤、石油等化石能源要在 2030 年之前达到峰值。这些国际承诺的达成,促使中国未来的煤炭需求将是环境约束下的煤炭需求,这意味着过去几十年煤炭需求的演变规律将难以适用于未来年份。综上所述,在未来年份,煤炭需求量的自身演变规律将很可能不同于以往年份的演变规律,因而,无论这些预测方法对于历史年份的拟合效果多么优良,都难以成为预测煤炭未来需求的有效工具。

　　另一种考察需求不确定性的思路是,首先探究煤炭需求量与其影响因素的关系,然后通过考虑未来各个影响因素的不确定性,考察未来煤炭需求量的不确定性。与仅依赖历史煤炭需求序列的预测方法相比,这一做法具有以下两方面的优势。① 由于煤炭需求量的形成机理在很长的时间内具有稳定性,所以,基于需求量形成机理的未来需求不确定研究具有较高的可信度。作为中国主体能源和重要的生产要素,煤炭需求量受到众多因素的影响,如 GDP、产业结构、能源结构等。虽然这些因素在未来存在不确定性,但这些因素与煤炭需求量的定量关系在很长时间内存在稳定性。因此,基于煤炭需求量形成机理的研究是考察未来煤炭需求不确定性的有效工具。② 中国正处于转型期和变革期,GDP、产业结构、能源结构等煤炭需求量的影响因素在未来年份存在更大程度的不确定性,这一做法通过充分考察未来需求影响因素的不确定性,提高了未来煤炭需求量不确定研究的有效性。

　　这一做法虽然具有优势,但其有效性很大程度上依赖于能否有效揭示未来煤炭需求量与影响因素的定量关系以及是否合理考察未来影响因素的不确定性。未来煤炭需求量与影响因素的定量关系一般采用计量方法、因素分解法等,这些方法操作较为简单、算法成熟、应用广泛。因此,能否有效地考察未来影响因素的不确定性,成为关乎这一方法是否有效考察未来煤炭需求不确定的关键。现有影响因素不确定性的研究方法主要包括影响因素法与情景分析法的组合和影响因素法与蒙特卡洛法的组合。这两种组合方法各有优势和不足。

　　影响因素法与情景分析法组合方法是在构建关于影响因素的计量方程的基础上,设置各个影响因素的情景,由此估算各个情景下的煤炭需求[182]。这一方法避免了上述仅通过历史数据预测的弊端。然而,由于影响因素的情景个数一般较少,且未给出各个情景出现的可能性,因此,这一组合方法难以全面充分地解释需求量的不确定性。

影响因素法与蒙特卡洛法组合方法先构建煤炭需求量及其影响因素的计量方程,再基于各个影响因素的历史数据估算概率密度函数,并基于概率密度函数采用蒙特卡洛的方法进行 n 次抽样,最后,把影响因素的抽样结果代入计量方程求出相应的 n 个需求量,并拟合出相应的需求概率密度函数[183-187]。蒙特卡洛方法的引入更好地考察了需求不确定性,克服了仅依据 3~5 个情景分析考察需求不确定性的不足[188]。然而,在这一方法中,各个影响因素的概率密度函数依然由历史数据计算而得。煤炭需求的影响因素一般包括经济增速、产业结构、能源结构等。由于中国正处于经济增速换挡期、经济增长方式转型期以及产业结构和能源机构的调整期,而且这些因素未来的发展受到国家政策和国际承诺的约束,因此,这些影响因素增速在过去几十年内出现的概率难以适用于未来年份。

基于此,结合影响因素法、情景分析法和蒙特卡洛法,提出本书需求不确定性的构建思路。首先,在煤炭需求量影响因素分析的基础上,构建煤炭需求方程。然后,基于国家政策和国家承诺以及现有文献,设置未来 10 年影响因素的基准情景,并把基准情景下影响因素的取值代入煤炭需求方程,得出基准情景下的煤炭需求量。再次,采用蒙特卡洛法并基于经验分布函数进行 n 次正值的抽样,把抽样结果作为乘数因子。最后,通过把乘数因子与基准情景下的需求量相乘,求出 n 个可能的需求量,并由此拟合出各个年度需求概率密度函数,用以考察需求不确定性。这一方法充分考虑了煤炭需求的多重影响因素,克服了仅依据 3~5 个情景分析考察需求不确定性的不足,又避免了历史趋势难以解释未来需求的问题。

基于上述考察需求不确定方法求出各个年份的煤炭需求概率密度函数,构建基于煤炭需求量的定积分,并由此替代确定性煤炭需求量,从而构建各个可能的需求量加权而得到跨期煤炭产能累积期望成本。由此,构建出以跨期煤炭产能累积期望成本最小化为目标函数的煤炭产能跨期优化模型。

(3)需求不确定性下跨期产能优化模型的构建

基于上述分析,构建充分考虑未来需求不确定性下的跨期产能优化的动态规划模型,如式(3-1)所示。

$$
\begin{cases}
P_t(Y_t) = \min\left\{\dfrac{1}{1+i}C_t(Y_t, \Delta Y_t) + P_{t-1}(Y_{t-1})\right\}, t = 1990, 1991, \cdots, 2025 \\
Y_1 = \eta_1 \cdot Q_{1,d} \\
\text{s. t. } Y_t \geqslant \eta_{\min} \cdot Q_{t,d}
\end{cases}
$$

(3-1)

式中,Y_t 是指第 t 期煤炭行业产能数量;$P_t(Y_t)$ 表示从第 1 阶段到第 t 阶段的累积最小成本;ΔY_t 是指产能变动值,$\Delta Y_t = Y_t - Y_{t-1}$(若 $\Delta Y_t > 0$,ΔY_t 表示第 t 期新增产能;若 $\Delta Y_t < 0$,ΔY_t 表示第 t 期退出产能,若 $\Delta Y_t = 0$,ΔY_t 表示第 t 期产能未调整,这暗含着未考虑年度内产能既新增又退出的情况,这是因为同一期产能既增又减的决策,其调整成本明显大于单向增或减的成本而非最优产能决策);$C_t(Y_t, \Delta Y_t)$ 是指第 t 期总成本函数,1990—2017 年和 2018—2025 年的成本函数分别如式(3-2)和式(3-3)所示;i 表示利率;$\frac{1}{1+i}$ 表示折现系数;η_1 是指第 1 期的产能与需求量的关系系数;$\eta_{\min}$ 是指煤炭产能下限的临界点系数;$Q_{t,d}$ 是指第 t 期煤炭需求量。

$t = 1990, 1991, \cdots, 2017$ 时,有:

$$C_t(Y_t, \Delta Y_t) = \begin{cases} \mathrm{HC}(Y_t) + \mathrm{SC}(Q_{t,d} - Y_t)\delta(Q_{t,d} - Y_t) + \mathrm{LDC}(Y_t), Y_t \geqslant Z_t \\ \mathrm{HC}(Y_t) + \mathrm{SC}(Q_{t,d} - Y_t)\delta(Q_{t,d} - Y_t) + \mathrm{LDC}(Y_t) + \\ \mathrm{EC}(-\Delta Y_t) + \mathrm{LRC}(-\Delta Y_t), Y_t < Z_t \end{cases}$$

$$(3\text{-}2)$$

$t = 2018, 2019 \cdots, 2025$ 时,有:

$$C_t(Y_t, \Delta Y_t) =$$

$$\begin{cases} \int_0^\infty [\mathrm{HC}(Y_t) + \mathrm{SC}(Q_{t,d} - Y_t)\delta(Q_{t,d} - Y_t) + \mathrm{LDC}(Y_t)] f(Q_{t,d}) \mathrm{d}Q_{t,d}, Y_t \geqslant Z_t \\ \int_0^\infty [\mathrm{HC}(Y_t) + \mathrm{SC}(Q_{t,d} - Y_t)\delta(Q_{t,d} - Y_t) + \mathrm{LDC}(Y_t) + \mathrm{EC}(-\Delta Y_t) + \\ \mathrm{LRC}(-\Delta Y_t)] f(Q_{t,d}) \mathrm{d}Q_{t,d}, Y_t < Z_t \end{cases}$$

$$(3\text{-}3)$$

式中,$\mathrm{HC}(Y_t)$ 表示窖藏成本函数;$\mathrm{SC}(Q_{t,d} - Y_t)$ 表示缺货成本函数;$\delta(Q_{t,d} - Y_t)$ 是克罗内克函数,其取值情况如式(3-4)所示;$Q_{t,d}$ 是指第 t 期需求量;$\mathrm{EC}(\Delta Y_t)$ 表示退出成本函数;Z_t 表示第 t 期产能退出后的剩余产能数量;$\mathrm{LRC}(\Delta Y_t)$ 表示环境成本中的土地破坏成本;$\mathrm{LRC}(\Delta Y_t)$ 表示环境成本中产能退出时的土地复垦成本;$f(Q_{t,d})$ 是各个年份煤炭需求概率密度函数。

$$\delta(Q_{t,d} - Y_t) = \begin{cases} 1, Q_{t,d} - Y_t > 0 \\ 0, Q_{t,d} - Y_t \leqslant 0 \end{cases} \qquad (3\text{-}4)$$

3.1.2　相关函数的构建

动态规划模型包含了退出成本函数、窖藏成本函数、缺货成本函数、环境成本函数和需求概率密度函数,本节提出这些函数的构建方法。

(1) 退出成本函数的构建(EC)

借鉴王德鲁和赵成[189]的做法,退出成本主要考虑因产能退出引发的固定资产的沉淀成本和人员安置成本,如式(3-5)所示。

$$EC(Y_t - Z_t) = FS(EK_t) + PS(EL_t) \qquad (3-5)$$

式中,$FS(EK_t)$ 和 $PS(EL_t)$ 分别表示因产能退出引发的固定资产的沉没成本和人员安置成本。

显然,这两种成本分别与退出的固定资产和劳动力数量有关。因此,在确定这两种成本的计算方法之前,首先构建固定资产数额和劳动力数量与产能的关系,以便在煤炭产能跨期优化模型中用产能表示固定资产数额和劳动力数量。借助估算出的边界生产函数,用产能表示固定资产数额。令人均资本为 k,那么 $k = K/L$,把其代入边界生产函数 $\hat{Y}^* = e^{\hat{\delta}} K^{\hat{\alpha}} L^{\hat{\beta}}$ 中,由此可得 $K = (\hat{Y} k^{\hat{\beta}} / e^{\hat{\delta}})^{1/(\hat{\alpha}+\hat{\beta})}$ 和 $L = (\hat{Y}/k^{\hat{\beta}} e^{\hat{\delta}})^{1/(\hat{\alpha}+\hat{\beta})}$。

那么,固定资产的变化量和劳动力的变化量与产能的关系分别如式(3-6)和式(3-7)所示。

$$\Delta K = (\Delta \hat{Y} k^{\hat{\beta}} / e^{\hat{\delta}})^{1/(\hat{\alpha}+\hat{\beta})} \qquad (3-6)$$

$$\Delta L = [\Delta \hat{Y}/(k^{\hat{\beta}} e^{\hat{\delta}})]^{1/(\hat{\alpha}+\hat{\beta})} \qquad (3-7)$$

① 固定资产的沉没成本(FS)

固定资产的沉没成本是指资产原始价值或折余价值与转为其他用途时重估价值的差额。由于煤炭行业的固定资产专用性较高,所以当煤炭企业退出市场时,其固定资产难以用于其他行业,由此产生大量的沉没成本。

本书采用固定资产损失值来测量固定资产的沉没成本。固定资产损失值等于固定资产损失率与固定资产年平均余额的乘积,而固定资产损失率显然为1减去固定资产可回收率。固定资产可回收率一般计算方法为固定资产原价和预计净残值率的乘积与固定资产年平均余额的商。由此,固定资产损失值的计算公式如式(3-8)所示。

$$FS(EK_t) = (1 - KP_t \cdot NR_t / K_t) \cdot EK_t$$

$$= (1 - KP_t \cdot NR_t / K_t) \cdot [(Y_t - Y_{t-1}) k_t^{\hat{\beta}} / e^{\hat{\delta}}]^{1/(\hat{\alpha}+\hat{\beta})} \qquad (3-8)$$

式中,FS 表示固定资产的沉没成本;EK 表示退出的固定资产年平均余额;KP_t 表示固定资产原价;NR 表示预计净残值率。

② 人员安置成本(PS)

借鉴 Wang 等[190]的做法,人员安置成本主要考察安置内退人员、再就业人员和解约人员所产生的成本,如式(3-9)所示。

$$PS(EL_t) = (PS_1 pr_1 + PS_2 pr_2 + PS_3 pr_3) EL_t$$

$$= (PS_1 pr_1 + PS_2 pr_2 + PS_3 pr_3) \left[(Y_t - Z_t) / k^{\hat{\alpha}} e^{\hat{\delta}} \right]^{1/(\hat{\alpha} + \hat{\beta})} \tag{3-9}$$

式中,EL 表示在产能退出中需要安置的人员总数;pr_1、pr_2 和 pr_3 分别是指内退人员、再就业人员和解约人员占总安置人员的比例;PS_1、PS_2 和 PS_3 分别表示内退人员、再就业人员和解约人员的安置成本,具体核算方式如式(3-10)~式(3-12)所示。

$$PS_1 = (CW a_1 + TW b_1 SS_1) t_1 \tag{3-10}$$

式中,PS_1 表示人员安置成本;CW 表示煤炭行业工人平均工资;a_1 表示退休人员的生活费用占行业内工人平均工资的比例;TW 表示城镇职工平均工资;b_1 表示城镇职工基本工资占平均工资的比率;SS_1 表示内退人员的社会保障与住房公积金缴费率总和;t_1 表示内退期间的支付年限。

$$PS_2 = (MW a_2 + TW b_1 SS_2 + CW c_2) t_2 \tag{3-11}$$

式中,MW 表示各省市的最低工资;a_2 表示生活费用占最低工资的比例;c_2 表示培训费用占平均工资的比例;SS_2 表示再就业人员的社会保障与住房公积金缴费率总和;t_2 表示待就业的平均时间。

$$PS_3 = \frac{CW}{12} t_3 \tag{3-12}$$

式中,t_3 是指解雇人员的平均工作年份。

（2）窖藏成本函数的构建（HC）

窖藏成本由维持产能所消耗的成本来测算。由于这部分成本主要产生于固定资产的折旧,所以采用固定资产的年折旧金额来测算,如式(3-13)所示。

$$HC(K) = drK = dr \left[(Y k^{\hat{\beta}} / e^{\hat{\delta}})^{1/(\hat{\alpha} + \hat{\beta})} \right] \tag{3-13}$$

式中,dr 是指固定资产的年折旧率,其计算方法采用"年限平均法",如式(3-14)所示。

$$dr = (1 - NR) / t_4 \tag{3-14}$$

式中,NR 表示预计残值率;t_4 表示折旧年限。

（3）缺货成本函数的构建（SC）

广义的缺货成本是指因生产能力无法满足需求而带来的经济社会成本,包括厂商通过增加工作时间而产生的加班费,厂商因错失商机而损失的交易收益,煤炭价格因供不应求而大幅上涨进而引发工业生产成本的上升甚至通货膨胀,煤炭供应不足导致电力、钢铁等部门供应不足而引发的社会问题等。

由于本模型对煤炭产能的下限进行约束,即在本模型产能约束范围内是不会引发能源安全和通货膨胀等社会问题的。因此,这里的缺货成本仅包括厂商通过增加工作时间而产生的加班费,以及厂商因错失商机而损失的交易收益。由于煤炭行业是"三班倒",正常的年工作日为 330 天,通过加班来增加产量的幅度很小,因此,缺货成本以厂商因错失商机而损失的利润来计算,即企业若扩大产能可生产和销售这部分煤炭所获得的利润。显然,这一利润等于其收益与成本之差。收益由煤炭价格与缺货数量的乘积计算而得,而缺货数量等于需求量与产量之差,其中产量由产能与产能利用率的乘积除以煤炭自给率计算而得。而成本是由扩大足以生产这部分煤的产能而引发的固定资产窖藏成本与生产这部分煤炭所消耗的劳动力成本相加所得。由此,缺货成本的计算方法如式(3-15)所示。

$$\mathrm{SC}(Q_{t,\mathrm{d}}-Y_t)=[\mathrm{CP}_t \cdot (\mathrm{ss}Q_{t,\mathrm{d}}-\mathrm{cu}_{\max}Y_t)-\mathrm{dr}K_{t,\mathrm{os}}-\mathrm{CW}_tL_{t,\mathrm{os}}]\delta(\mathrm{ss}Q_{t,\mathrm{d}}-\mathrm{cu}_{\max}Y_t)$$

$$=\left\{\mathrm{CP}_t \cdot (\mathrm{ss}Q_{t,\mathrm{d}}-\mathrm{cu}_{\max}Y_t)-\mathrm{dr}\left[\frac{1}{\mathrm{cu}_{\max}}(\mathrm{ss}Q_{t,\mathrm{d}}-\mathrm{cu}_{\max}Y_t)\hat{k}_t^{\hat{\beta}}/e^{\hat{\delta}}\right]^{1/(\hat{\alpha}+\hat{\beta})}-\right.$$

$$\left.\mathrm{CW}_t\left[\frac{1}{\mathrm{cu}_{\max}}(\mathrm{ss}Q_{t,\mathrm{d}}-\mathrm{cu}_{\max}Y_t)/(\hat{k}_t^{\hat{\beta}}e^{\hat{\delta}})\right]^{1/(\hat{\alpha}+\hat{\beta})}\right\}\delta(\mathrm{ss}Q_{t,\mathrm{d}}-\mathrm{cu}_{\max}Y_t)$$

$$(3-15)$$

式中,CP_t 是指第 t 期煤炭价格;$\mathrm{cu}_{\max}$ 表示产能利用率的上限;ss 表示煤炭自给率;CW_t 表示煤炭行业工人年平均工资。

(4) 环境成本函数的构建(PC)

煤矿因产能建设所引发的环境成本主要包括土地破坏成本和土地复垦成本,如式(3-16)所示。其中,土地破坏成本是由基础建设占压土地所引发的。而在产能退出时,煤矿需要复垦工业场地和剥挖土岩所占用的土地,以恢复土地原有生态价值,由此产生土地复垦成本。

$$\mathrm{PC=LDC+LRC} \qquad (3-16)$$

式中,PC 表示煤矿产能建设所引发的环境成本;LDC 表示土地破坏成本;LRC 表示土地复垦成本。

① 土地破坏成本

借鉴 Xu 等[191]的做法,用土地征用价格反映土地破坏损失的价值。在破坏土地面积的核算上,基于井工矿和露天矿的基建工程不同,井工矿核算工业场地占压土地面积,露天矿核算工业场地占压土地和剥挖排弃土岩占用土地的总面积。采用直线法计提土地费用的年摊销,可得土地破坏成本的计算公式,如式(3-17)所示。

$$\mathrm{LDC}=P_\mathrm{L}Y(S_\mathrm{o}+S_\mathrm{u})/n_\mathrm{l} \qquad (3-17)$$

式中,P_L 表示土地征用价格;Y 表示全国煤炭总产能;S_o 表示露天矿在产能建设过程中占压土地的面积占全国总产能的比重,如式(3-18)所示;S_u 表示井工矿在产能建设过程中占压土地的面积占全国总产能的比重,如式(3-19)所示;n_l 表示在产能建设过程中所占压土地的使用年限。

$$S_{\mathrm{o}} = \eta_0 (\theta_{\mathrm{ob}} + \theta_{\mathrm{od}} + \theta_{\mathrm{ow}}) \tag{3-18}$$

式中，η_0 表示露天矿产能占总产能的比例；θ_{ob} 表示在露天矿中单位产能的工业场地面积；θ_{od} 表示在露天矿中单位产能的采场挖损占用土地面积；θ_{ow} 表示在露天矿中单位产能的外排土场占用土地面积。

$$S_{\mathrm{u}} = (1 - \eta_0) \theta_{\mathrm{ub}} \tag{3-19}$$

式中，θ_{ub} 表示在井工矿中单位产能的工业场地面积。

② 土地复垦成本

由于土地复垦成本产生于产能退出过程中，用退出产能数量表示土地复垦成本，如式(3-20)所示。

$$LRC = \alpha_{\mathrm{lr}} (Y_t - Z_t)(S_{\mathrm{o}} + S_{\mathrm{u}}) \tag{3-20}$$

式中，α_{lr} 表示单位面积的土地复垦成本。

(5) 煤炭需求概率密度函数的构建

基于前文构建思路，构建各个年度中国煤炭需求概率密度函数。

① 中国煤炭需求方程的构建

作为主体能源，煤炭需求量受到多重因素的影响。为了寻求煤炭需求的影响因素，本书采用 LMDI(Logarithmic Mean Divisia Index)因素分解法。LMDI 因素分解法由 Ang 等[192-197]提出，是国际上常用的因素分解模型，已被广泛地运用于能源与环境领域。基于 LMDI 因素分解法，得到煤炭需求因素分解式，如式(3-21)所示。

$$Q_{\mathrm{d},c,t} = GDP_t \cdot \frac{Q_{\mathrm{d,e},t}}{GDP_t} \cdot \frac{Q_{\mathrm{d},c,t}}{Q_{\mathrm{d,e},t}} \tag{3-21}$$

式中，$Q_{\mathrm{d},c,t}$ 表示第 t 期煤炭消费量；GDP_t 表示第 t 期国民生产总值；$Q_{\mathrm{d,e},t}$ 表示第 t 期能源消费量。

基于式(3-21)，构建煤炭需求方程，如式(3-22)所示。

$$Q_{\mathrm{d},c,t} = GDP_t \cdot ENIN_t \cdot ENST_t \tag{3-22}$$

式中，$ENIN_t$ 表示第 t 期能源强度；$ENST_t$ 表示第 t 期能源结构。

由此，把煤炭需求影响因素分解为经济增长、能源结构和能源强度等三个因素，而且，把这三个因素作为煤炭需求的影响因素亦具有理论基础。a. 经济增长。作为主体能源，煤炭是中国经济增长的重要生产要素，中国经济增长速度必然影响对煤炭需求的程度，经济增长对煤炭需求的正向影响关系也得到多次实证检验[198-201]。b. 能源结构。长期以来，中国的能源结构一直是以煤炭为主。近年来，在环境的约束下，煤炭消费占能源消费的比例逐年下降，这势必对消弱煤炭需求增长速度甚至是减少煤炭需求量发挥重要作用。而且，在 BP 神经网络、组合预测等模型中，能源强度都被作为煤炭需求的解释变量[202-204]。c. 能源强度。能源强度反映单位 GDP 所消耗的能源数量。能源强度越高,说明中国经济发展对能源依赖度越高,因而,作为主体能源,煤炭的消费量也会越高。可以预期,能源强度对煤炭消费会产生正向影响,这一关系也得到了实证检验[205-207]。

② 煤炭需求概率密度函数的构建

如图 3-2 所示,各个年度需求概率密度函数的构建路径如下:首先,基于国家政策和现有文献,设置 2018—2025 年各个年度的经济增长、能源强度和能源结构等影响因素的基准情景,并基于式(3-22),求出 2018—2025 年各个年度煤炭需求的基准情景;然后,基于经验的分布函数,采用蒙特卡洛(MC)的方法生成 n 个正值的随机数,并把其作为乘数因子[208-209];最后,通过乘数因子与各个年度煤炭需求基准情景相乘,得出各个年度 n 个煤炭需求量,并由其拟合出各个年度煤炭需求的正态概率密度函数,如式(3-23)所示。

$$f(Q_{t,d}) = \frac{1}{\sigma_t \sqrt{2\pi}} e^{-\frac{(Q_{t,d}-\mu_t)^2}{2\sigma_t^2}} \tag{3-23}$$

式中,μ 和 σ 分别表示第 t 期需求量的均值和标准差。

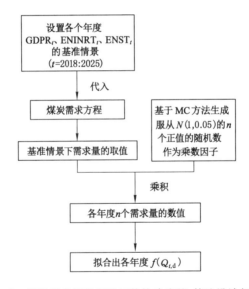

图 3-2　煤炭需求概率密度函数构建步骤、算法设计与实现

3.1.3　动态规划模型的求解

本书跨期最优产能的动态规划模型较为复杂,难以直接求解。鉴于模型中

的变量仅有每期的煤炭行业产能数量 Y_t，变量取值范围相对不大，且计算精度要求不高，选择借用 Matlab 软件采用穷举法求解模型。求解流程如下：

（1）定义各个符号的含义。t 为年份，Y_t 指第 t 期的煤炭行业产能数量，$Q_{t,d}$ 指第 t 期的煤炭需求量，C_t 指第 t 期的总成本函数，PP_t 指从第 1 期至第 t 期的累积成本，II_t 指第 t 期的折现率，cu 指产能利用率，zj 是指煤炭自给率。

（2）设置各期煤炭行业产能数量 Y_t 取值范围，初始化土地复垦成本 LRC(ΔY_t)、人均资本 k、固定资产原价 KP_t 等变量。令 $Y_{1990} = Q_{1990,d} \cdot (1/cu) \cdot zj$，计算 C_{1990}，并令 $PP_{1990} = C_{1990}$。

（3）在 1991—2017 年 Y_t 取值范围内，计算第 t 期的总成本函数 C_t，第 1 期至第 t 期的累积成本 PP_t。

① 当 $Y_t \geqslant Y_{t-1}$ 时，C_t 利用式(3-24)计算。

$$C_{1t} = HC(Y_t - Q_{t,d})\delta(Y_t - Q_{t,d}) + SC(Q_{t,d} - Y_t)\delta(Q_{t,d} - Y_t) + LDC(Y_t)$$
(3-24)

② 当 $Y_t < Y_{t-1}$ 时，C_t 利用式(3-25)计算。

$$C_{2t} = HC(Y_t - Q_{t,d})\delta(Y_t - Q_{t,d}) + SC(Q_{t,d} - Y_t)\delta(Q_{t,d} - Y_t) + \\ LDC(Y_t) + EC_t(Y_t - Z_t) + LRC(Y_t - Z_t)$$
(3-25)

（4）在 2018—2025 年 Y_t 取值范围内，计算第 t 期的总成本函数 C_t，第 1 期至第 t 期的累积成本 PP_t。

① 当 $Y_t \geqslant Y_{t-1}$ 时，C_t 利用式(3-26)计算。

$$C_{3t} = \int_0^\infty [HC(Y_t) + SC(Q_{t,d} - Y_t)\delta(Q_{t,d} - Y_t) + LDC(Y_t)]f(Q_{t,d})dQ_{t,d}$$
(3-26)

② 当 $Y_t < Y_{t-1}$ 时，C_t 利用式(3-27)计算。

$$C_{4t} = \int_0^\infty [HC(Y_t) + SC(Q_{t,d} - Y_t)\delta(Q_{t,d} - Y_t) + LDC(Y_t) + \\ EC(-\Delta Y_t) + LRC(-\Delta Y_t)]f(Q_{t,d})dQ_{t,d}$$
(3-27)

式(3-26)、式(3-27) 中的 $\int_0^\infty Q_{t,d}f(Q_{t,d})dQ_{t,d}$ 难以求解原函数，且用 Matlab 数值积分方法计算结果不准确。为此，首先令 $Q_{t,d}$ 从 0 开始按步长 L_{jf} 递增 N 步，计算 $Q_{t,d}f(Q_{t,d})$ 的大小，进而得到 $y = Q_{t,d}f(Q_{t,d})$ 关系曲线，$\int_0^\infty Q_{t,d}f(Q_{t,d})dQ_{t,d}$ 可按式(3-28)计算。

$$\int_0^\infty Q_{t,d}f(Q_{t,d})dQ_{t,d} = \sum_{i=1}^N \frac{(y_i + y_{i-1})L_{jf}}{2}$$
(3-28)

（5）从 2025 开始至 1990 年，逐年计算每期的最小累积成本 $PP_{t min}$、最优煤

炭行业产能数量 Y_{topt} 及对应第 $t-1$ 期的最优煤炭行业产能数量。

（6）输出计算结果，结束计算。

具体求解流程如图 3-3 所示。

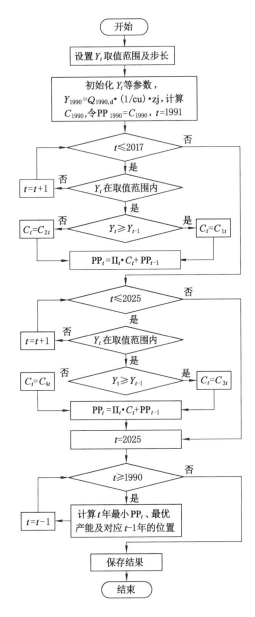

图 3-3　动态规划模型求解流程

3.2　跨期产能优化模型的参数取值和数据来源

3.2.1　退出成本的参数取值

在固定资产的沉没成本核算公式中,1990—2017 年煤炭行业固定资产原价(KP)和煤炭行业固定资产年平均余额(K)数据皆来自《中国工业统计年鉴》。对于 2018—2025 年的煤炭行业人均固定资产年平均余额数据,首先,构建以煤炭行业固定资产年平均余额为被解释变量,以滞后一期的煤炭行业固定资产年平均余额和滞后一期的煤炭需求量为解释变量的计量方程,并基于 1990—2015 年样本,估算其参数;然后,把 2018—2025 年滞后一期的煤炭行业固定资产年平均余额和滞后一期的表 3-4 中基准情景下的煤炭需求量代入计量方程,最终,可求出 2018—2025 年的煤炭行业人均固定资产年平均余额。根据《国家税务总局关于做好已取消和下放管理的企业所得税审批项目后续管理工作的通知》的规定,煤炭行业固定资产残值比(NR)取 5%。

在人员安置成本核算公式中,基于申宝宏等[210]的研究,在需安置员工中,内退占比为 37.19%,非内退占比 62.81%。基于王德鲁等[189]的研究,在非内退人员中,分流比例占 20%,解除劳动关系的人员占 80%。因此,内退、分流和解雇员工占安置员工的比例分别为 37.19%、12.56%和 50.25%,即 $pr_1 = 0.372$、$pr_2 = 0.126$ 和 $pr_3 = 0.503$。1990—2017 年煤炭行业工人平均工资(CW)数据来自国家统计局网站。对于 2018—2025 年煤炭行业工人平均工资数据,首先,构建以煤炭行业工人平均工资为被解释变量,以滞后一期的煤炭行业工人平均工资和煤炭需求量为解释变量的计量方程,并基于 1990—2017 年样本,估算其参数;然后,把 2018—2025 年间滞后一期的煤炭行业工人平均工资基准情景下的煤炭需求量代入计量方程,最终,可求出 2018—2025 年煤炭行业工人平均工资数据。1990—2017 年城镇职工平均工资(TW)数据来自《中国统计年鉴》。对于 2018—2025 年城镇职工平均工资数据,首先,构建以城镇职工平均工资为被解释变量,以滞后一期、滞后二期的城镇职工平均工资和滞后一期的 GDP 为解释变量的计量方程,并基于 1990—2017 年样本,估算其参数;然后,把 2018—2025 年间滞后一期、滞后二期的城镇职工平均工资和由基准情景下的 GDP 增长率计算的滞后一期的 GDP 代入计量方程,最终,可求出 2018—2025 年城镇职工平均工资数据。1990—2017 年最低工资(MW)由历年各个产煤省份的最低工资的均值计算,数据来自人力资源和社会保障部网站。基于 1990—2017 年样本,构建 AR(1)模型,并估算其参数,由此,可求出 2016—2025 年最低工资数据。基于《关于加强国有企业下岗职工管理和再就业服务中心建设有关问题的通知》《关于调整工伤保险费率政策的通知》《关于适当降低生育保险费率的通知》《违反和解除劳动合同的经济补偿办法》等文件,可知 $a_1=0.6$,$b_1=0.7$,$SS_1=0.38$,$t_1=5$,$a_2=0.7$,$SS_2=0.4$,$c_2=0.015$,$t_2=3$,$t_3=12$。

3.2.2 窖藏成本的参数取值

1990—2017 年煤炭行业人均固定资产年平均余额(k)是由煤炭行业固定资产年平均余额与煤炭工业全部从业人员年平均数的商计算而得,两者数据皆来自《中国工业统计年鉴》。1990—2017 年煤炭行业固定资产原价(KP)数据来自《中国工业统计年鉴》。对于 2018—2025 年的煤炭行业固定资产原价数据,首先,构建以煤炭行业固定资产原价为被解释变量,以煤炭行业固定资产年平均余额为解释变量的计量方程,并基于 1990—2016 年样本估算其参数;然后,把 2018—2025 年解释变量的数据代入计量方程,最终,可求出 2018—2025 年的煤炭行业固定资产原价。

在固定资产折旧率的计算公式中,根据《国家税务总局关于做好已取消和下放管理的企业所得税审批项目后续管理工作的通知》的规定,煤炭行业固定资产残值比(NR)取 5%。基于《中华人民共和国企业所得税法实施条例》,固定资产计算折旧的最低年限:房屋、建筑物的最低年限为 20 年,机器、机械和其他生产设备的最低年限为 10 年。由于在煤炭行业中两者占固定资产的比重大约为1∶1,所以,可以认为煤炭固定资产的平均年限(t_4)为 15 年,基于式(3-14)可以得出,固定资产的年折旧(dr)为 6.333%。

3.2.3 缺货成本的参数取值

2018 年煤炭价格数据来自中国煤炭资源网。把 2018 年煤炭价格与煤炭工业价格指数比值作为价格比例系数,由此基于 1990—2017 年煤炭工业价格指数与价格比例系数的乘积,可计算出 1990—2017 年煤炭价格。其中,煤炭工业价格指数数据来自国家统计局网站。对于 2019—2025 年煤炭价格,首先,构建煤炭价格与滞后一期和滞后两期的原煤价格、煤炭需求量的计量方程,并基于1990—2018 年样本估算其参数;然后,把 2019—2025 年间滞后一期和滞后两期的煤炭价格和基准情景下的煤炭需求量代入计量方程,最终,可求出 2019—2025 年的煤炭价格。

对于自给率(ss),在过去十年里,中国煤炭的自给率约为 95%,且并未由此引发煤炭能源安全问题,因此,设置煤炭自给率为 0.95。对于产能利用率上限 cu_{max},在过去 28 年里,当产能利用率大于 90% 时,煤炭价格往往大幅上升,中国煤炭行业处于供不应求的状态,导致下游产业的煤炭供应不足。因此,产能利用率上限 cu_{max} 可设定为 0.9。

3.2.4　环境成本的参数取值

基于《煤炭工业矿井设计规范》(GB 50215—2015),由大型、中型和小型三类煤矿的比重加权平均可得,在产能建设过程中所占压土地的使用年限 (n_1) 为 49.343 年。

基于 2015 年煤炭企业"矿山地质环境保护与土地复垦方案"中的相关数据,2015 年单位面积的土地复垦成本 (α_{1r}) 为 10.284 万元/公顷,土地征用价格 (P_L) 为 22.561 万元/公顷。由于矿山的土地复垦工作主要包括平整土地和种树种草,这些工作都需要大量的劳动力,所以,基于 2015 年的土地复垦成本和以 1990 年作为基期的历年煤炭行业的平均工资指数,计算历年土地复垦成本,其中,煤炭行业工人平均工资数据来自《中国劳动统计年鉴》。基于 2015 年的土地征用价格和以 1990 年作为基期的历年商品房平均销售价格指数,计算出历年土地征用价格,其中,商品房平均销售价格指数数据来自《中国房地产统计年鉴》。分别构建土地复垦成本和土地征用价格的 AR(1) 模型,并基于 1990—2017 年样本估算其参数,由此,可求出 2018—2025 年土地复垦成本和土地征用价格数据。

基于中国煤炭工业协会网站报道,露天矿产能占总产能的比例 (η_0) 为 14%,在露天矿中单位产量的采场挖损和外排土场占用土地面积 (θ_{od} 和 θ_{ow}) 分别为 0.064 公顷/万吨和 0.128 公顷/万吨。

对于工业场地的占压面积的测算,由于露天矿工业场地面积占露天矿产能的比重因煤矿生产规模而异,所以按煤矿生产规模把煤矿分为大型、中型和小型三种类型,用这三类煤矿的产能占比加权,求平均露天矿工业场地面积占露天矿产能的比重,如式(3-29)所示。

$$\theta_{ob} = (\beta_{os}\theta_{obs} + \beta_{om}\theta_{obm} + \beta_{ol}\theta_{obl})cu \tag{3-29}$$

式中,β_{os}、β_{om} 和 β_{ol} 分别表示大型、中型和小型露天矿和井工矿的产能占比,基于中国煤炭工业协会网站报道,其比例为 0.8、0.19 和 0.01;θ_{obs}、θ_{obm} 和 θ_{obl} 分别表示单位原煤产量的全国大型、中型和小型露天矿工业场地平均用地,采用单位原煤产量的全国大型、中型和小型露天矿辅助生产设施、公用工程设施、行政管理与服务设施用地面积总和来测算,分别取值为 19 300 公顷/万吨、55 300 公顷/万吨和 11 750 公顷/万吨,数据来自《煤炭工业工程项目建设用地指标——露天矿、露天矿区辅助企业部分》(建标〔2011〕145 号)。cu 指产能利用率,即单位产能的原煤产量占比,以 1990—2015 年平均产能利用率来测度,取值为 0.816,数据来自本书的

表 2-6。

类似的,大型、中型和小型井工矿的单位原煤产量的平均工业场地用地面积占井工矿产能的比重如式(3-30)所示。

$$\theta_{ub} = (\beta_s\theta_{ubs} + \beta_m\theta_{ubm} + \beta_l\theta_{ubl})cu \qquad (3-30)$$

式中,θ_{ups}、θ_{upm} 和 θ_{upl} 分别表示单位原煤产量的全国大型、中型和小型井工矿工业广场平均占用面积,采用单位原煤产量的全国大型、中型和小型井工矿工业广场平均用地标准来测算,分别取值为 15 500 公顷/万吨、117 800 公顷/万吨和203 300 公顷/万吨,数据来自《煤炭工业矿井设计规范》(GB 50215—2015)。

基于式(3-29)~式(3-30)可得,2015 年 θ_{ob} 和 θ_{ub} 分别取值为 45 390 公顷/万吨和 75 680 公顷/万吨。

3.2.5 需求概率密度函数的参数取值

(1)煤炭需求及其影响因素的基准情景设置

① GDP 增长率

基于国家统计局已发布的 2018 年上半年 GDP 同比增长率为 6.800% 以及2018 年下半年和上半年的宏观经济状况基本一致,可以推算 2018 年全年增长率为 6.800%,这与清华大学中国与世界经济研究中心[211]的预测结果一致,因此,设置 2018 年的 GDP 增长率为 6.800%。对于 2019—2020 年 GDP 同比增长率,国际货币基金组织[212]和北京大学光华管理学院[213]皆预测为 6.4%,基于这样的 GDP 同比增长率,可以实现"十三五"规划期间年均 GDP 增长率高于6.500%的目标[214],也可以实现 2020 年 GDP 比 2010 年翻一番的目标,因此,设置2019—2020 年 GDP 增长率皆为 6.400%。对于 2021—2025 年,借鉴 Chen[215]和 Li 等[216]的预测结果,设置 2021—2025 年 GDP 同比增长率为 6.000%。由此,2018—2025 年 GDP 同比增长率基准情景设置如表 3-1 所示。

表 3-1 GDP 同比增长率基准情景设置(2018—2025 年)

年份/年	GDP 同比增长率/%	数据来源
2018	6.800	国家统计局;清华大学中国与世界经济研究中心
2019—2020	6.400	国际货币基金组织; 北京大学光华管理学院; 中华人民共和国国民经济和社会发展第十三个五年规划纲要
2021—2025	6.000	Chen(2017); Li 等(2018)

② 能源强度增长率

国家能源局[217]《2018 年能源工作指导意见》提出,单位国内生产总值能耗同比下降 4.000% 以上,因此,设置 2018 年能源强度增长率为 −4.000%。借鉴相关文件[218-219] 和 Liu 等[220] 的能源强度增长率的预测结果,设置 2019—2020 年和 2021—2025 年的能源强度年均增长率分别为 −2.141% 和 −2.154%,基于这样的能源增长率,中国可以实现单位国内生产总值能耗比 2015 年下降 15% 这一目标,也与《BP 世界能源展望(2018 年)》的预测结果基本吻合。由此,2018—2025 年能源强度增长率基准情景设置如表 3-2 所示。

表 3-2　能源强度增长率基准情景设置(2018—2025 年)

年份/年	能源强度增长率/%	数据来源
2018	−4.000	《2018 年能源工作指导意见》
2019—2020	−2.141	《能源生产和消费革命战略(2016—2030)》; 《"十三五"节能减排综合工作方案》; Liu 等(2018)
2021—2025	−2.154	《BP 世界能源展望(2018 年)》; Liu 等(2018)

③ 能源结构

基于《2018 年能源工作指导意见》,设置 2018 年能源结构为 59.000%。《能源发展"十三五"规划》[221] 和《能源生产和消费革命战略(2016—2030)》提出,到 2020 年全国煤炭占能源消费总量比重下降到 58.000% 以下,由此,设置 2020 年能源结构基准情景为 58%,并通过假设 2018—2019 年能源结构匀速调整,设置 2019 年能源结构基准情景为 58.500%。借鉴 Liu 等[220] 关于能源结构的预测结果,设置 2021—2025 年能源结构分别为 57.100%、56.200%、55.300%、54.400% 和 53.500%,这样的能源结构也与《能源生产和消费革命战略(2016—2030)》和《BP 世界能源展望(2018 年)》预测结果相吻合。由此,2018—2025 年能源结构基准情景设置如表 3-3 所示。

表 3-3　能源结构基准情景设置(2018—2025 年)

年份/年	能源结构/%	数据来源
2018	59.000	《2018 年能源工作指导意见》

表 3-3(续)

年份/年	能源结构/%	数据来源
2019	58.500	《能源发展"十三五"规划》
2020	58.000	《能源发展"十三五"规划》
2021	57.100	
2022	56.200	《能源生产和消费革命战略(2016—2030)》;
2023	55.300	《BP 世界能源展望(2018 年)》;
2024	54.400	Liu 等(2018)
2025	53.500	

④ 煤炭需求量

把 2018—2025 年间各个年度的 GDP、能源强度和能源结构的基准情景代入式(3-22),可以得出 2018—2025 年基准情景下煤炭需求量,如表 3-4 所示。

表 3-4　基准情景下煤炭需求量及其增长率(2018—2025 年)

年份/年	2018	2019	2020	2021	2022	2023	2024	2025
煤炭需求量/亿吨	38.024	39.256	40.525	41.379	42.241	43.109	43.983	44.864
煤炭需求量增长率/%	0.152	3.240	3.232	2.107	2.082	2.056	2.029	2.001

(2)膨胀乘子的概率密度函数

参照 Webster 等[208]、Babonneau 等[209]和 Duan 等[222]的做法,基于以 1.0 为均值、以 0.05 为标准差的正态分布函数,采用蒙特卡洛方法,生产 2 000 个正值的随机数,并把其作为乘数因子。煤炭需求量乘数因子的频数分布直方图如图 3-4 所示。

(3)2018—2025 年各年度煤炭需求概率密度函数参数取值

按照煤炭需求概率密度函数的构建方法,由煤炭需求量的基准情景与乘数因子的乘积得出 2018—2025 年各年度 2 000 个需求量可能值,其均值和标准差作为正态概率密度函数的期望和标准差,如表 3-5 所示。

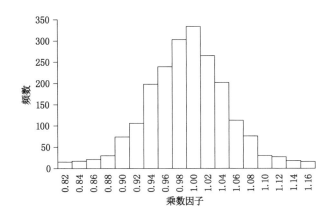

图 3-4　煤炭需求量乘数因子的频数分布直方图

表 3-5　2018—2025 年各年度煤炭需求概率密度函数的期望和标准差

年份/年	2018	2019	2020	2021	2022	2023	2024	2025
期望/亿吨	38.024	39.256	40.525	41.379	42.241	43.109	43.983	44.864
年份/年	2018	2019	2020	2021	2022	2023	2024	2025
标准差/亿吨	1.861	1.921	1.983	2.025	2.067	2.110	2.153	2.196

3.2.6　约束条件的参数取值

在约束条件中,对煤炭产能的下限进行约束,即煤炭产能大于等于煤炭产能下限的临界点系数 $\eta_{\min}$ 与煤炭需求量的乘积。为了获取合理的 $\eta_{\min}$ 的值,对产能与需求量的关系进行分解。这两者的关系可以分解为产能与产量的关系,以及产量与需求量的关系,即产能与需求量的比值等于自给率与产能利用率的商,如式(3-31)所示。

$$\frac{Y_t}{Q_{t,\mathrm{d}}} = \frac{Y_t}{y_t} \cdot \frac{y_t}{Q_{t,\mathrm{d}}} = \frac{\mathrm{ss}_t}{\mathrm{cu}_t} \tag{3-31}$$

式中,$Q_{t,\mathrm{d}}$ 表示第 t 期需求量;Y_t 表示第 t 期产能;y_t 表示第 t 期产量;cu_t 表示第 t 期产能利用率;ss_t 表示第 t 期自给率。

由此,煤炭产能下限的临界点系数 $\eta_{\min}$ 等于产能利用率的上限 $\mathrm{cu}_{\max}$ 与最小自给率 $\mathrm{ss}_{\min}$ 的乘积。为了保障煤炭需求得到满足,约束煤炭产量和进口量之和大于等于需求量。过去 30 年,中国煤炭的最小自给率为 90%,且并未由此引发能源安全问题。因此,可以尝试把煤炭最小自给率 $\mathrm{ss}_{\min}$ 设置为低于 0.900 五个百分点,即 0.855,并把最大产能利用率设置为 1。由产能利用率的上限 $\mathrm{cu}_{\max}$ 与最小自给率

ss_{min} 的乘积可得，η_{min} 的取值设置为 0.855，后续并对其做敏感性检验。

3.2.7 折现因子的参数取值

折现因子基于利率计算而得，利率采用 5 年以上的利率来测度。1990—2017 年利率数据来源于中国人民银行网站。对于 2018—2025 年的利率数据，首先，构建以利率为被解释变量，以滞后一期的利率和滞后一期的 GDP 同比增速为解释变量的计量方程，并基于 1990—2017 年样本，估算其参数；然后，把 2018—2025 年滞后一期的利率和表 3-1 中 GDP 同比增长率的数据代入计量方程，最终，可求出 2018—2025 年的利率数据。

此外，需要说明的是，上述所有关于价格的参数，皆采用以 1990 年价格作为基期的 CPI 指数进行折算。

3.3 跨期产能优化的结果及其特征分析

3.3.1 跨期产能优化的结果和敏感性分析

通过求解上述跨期最优产能动态规划模型，得出 1990—2025 年中国煤炭跨期产能优化的结果，中国煤炭跨期最优产能、最优产能增速和年度成本如表 3-6 所示。

表 3-6 中国煤炭跨期最优产能、最优产能增速和年度成本（1990—2025 年）

年份/年	最优产能/亿吨	最优产能增速/%	年度成本/亿元
1990	11.120		42.691
1991	11.800	6.115	41.830
1992	12.200	3.390	38.865
1993	12.800	4.918	32.650
1994	13.600	6.250	30.472
1995	14.600	7.353	30.723
1996	14.800	1.370	31.315
1997	14.800	0	31.844
1998	14.800	0	33.518
1999	14.800	0	35.438
2000	15.000	1.351	36.693

表 3-6(续)

年份	最优产能/亿吨	最优产能增速/%	年度成本/亿元
2001	15.800	5.333	38.618
2002	17.200	8.861	41.920
2003	20.600	19.767	49.051
2004	24.000	16.505	54.188
2005	28.000	16.667	61.913
2006	30.800	10.000	69.263
2007	33.400	8.442	76.285
2008	34.000	1.796	77.134
2009	35.600	4.706	86.702
2010	37.000	3.933	90.742
2011	40.200	8.649	97.143
2012	40.800	1.493	101.063
2013	41.400	1.471	115.303
2014	41.400	0	112.039
2015	41.400	0	118.588
2016	41.400	0	121.976
2017	41.400	0	125.740
2018	41.400	0	129.792
2019	41.600	0.483	134.616
2020	42.800	2.885	142.421
2021	43.800	2.336	150.199
2022	44.600	1.826	157.992
2023	45.600	2.242	166.883
2024	46.600	2.193	176.344
2025	47.400	1.717	185.731

为了研究参数对最优产能的影响程度,对动态规划模型的关键参数进行敏感性检验。对动态规划模型最优解可能会产生影响的参数包括目标函数中退出成本函数、窖藏成本函数、缺货成本函数和环境成本函数所涉及的参数以及约束条件中产能下限系数 η_{min}。为此,通过调整各个参数,分别检验在其他参数保持不变的情况下当某一参数上升和下降 10% 和 20% 时,最优产能将发生怎样的改变。

敏感性检验结果表明,该模型参数在小幅度地变化(-20%～20%)时,模型的最优解具有稳定性。具体的,退出成本函数、窖藏成本函数、缺货成本函数和环境成本函数所涉及的参数以及约束条件中产能下限系数 η_{min} 在其上升和下降 10% 和 20% 等四个情景下,动态规划模型所求解的 1990—2025 年的最优产能并未发生改变。以下基于参数的类别分别阐述系数调整后最优产能保持不变的原因。

(1) 退出成本函数和窖藏成本函数的参数。一方面,由于单位产能的退出成本远远大于单位产能的窖藏成本,所以无论当退出成本下降 20% 还是窖藏成本上升 20%,单位产能的退出成本仍会大于单位产能的窖藏成本,最优产能决策仍是维持过剩产能而非退出产能。另一方面,在原来情景中,最优产能不存在产能退出现象,当退出成本提升 20% 时,更不会出现产能退出现象。综上,退出成本和窖藏成本参数在小幅度地变化(-20%～20%)时,动态规划模型的最优解仍保持不变。

(2) 缺货成本函数的参数。一方面,由于单位产能的缺货成本远远大于单位产能的窖藏成本,所以无论当缺货成本下降 20% 还是窖藏成本上升 20%,单位产能的缺货成本仍会大于单位产能的窖藏成本,最优产能决策仍是维持过剩产能而非出现产能不足。另一方面,在原来情景中,在最优产能下基本不存在缺货现象,当缺货成本提升 20% 时,更不会出现缺货现象。综上,缺货成本参数在小幅度地变化(-20%～20%)时,动态规划模型的最优解仍保持不变。

(3) 环境成本函数的参数。基于环境成本远远小于其他三类成本,环境成本参数在小幅度地变化(-20%～20%)时,动态规划模型的最优解仍保持不变。

(4) 产能下限系数。η_{min} 原取值为 0.885,而原模型所求解的最优产能皆高于需求量,这说明在 η_{min} 原取值时,与无约束相比,这一约束并未改变所求解的各年度最优产能值。当产能下限系数 η_{min} 在小幅度地变化(-20%～20%)时,其取值仍小于 1,因而,无论原 η_{min} 取值还是 η_{min} 在 -20%～20% 变化,与无约束相比,这一约束仍未改变所求解的各年度最优产能值。因此,产能下限系数 η_{min} 在小幅度地变化(-20%～20%)时,动态规划模型的最优解仍保持不变。

3.3.2　跨期最优产能的特征分析

对比实际产能,中国煤炭最优产能具有以下几个方面的特征。

(1) 与实际产能相比,最优产能呈更为平稳的发展态势。

由表 3-7 可见,最优产能增速的标准差为 5.547%,而实际产能增速的标准差高达 8.836%。这说明与实际产能相比,最优产能增速具有更小的波动幅度,相应的,最优产能呈更为平稳的发展态势。最优产能增速和实际产能增速的最小值和最大值的差异也在一定程度上印证了这一观点。最优产能增速的最小值为 0,而实际产能增速的最小值为 -12.543%,说明在 1990—2017 年间最优产能没有经历过收缩,而实际产能却在 2017 年下降了 -12.543%。此外,最优产能增速的最大值也小于实际产能增速的最大值。从具体的时间段来看,最优产能波动显著地比实际产能波动更平稳的时间段主要包括 1990—1999 年和 2014—2017 年。在 1990—1999 年时间段内,最优产能在 1990—1995 年间,平均以 5.605% 的速度扩张,到 1996 年,其增速下降到 1.370%,1997—1999 年最优产能保持不变。而在此段时间内,实际产能经历了两轮的下降和上升,两轮产能下降速度最高分别达到 8.000% 和 11.535%,两轮产能上升速度最高分别达到 6.086% 和 14.766%。由此可见,在此时间段内实际产能经历了大幅度的扩张和收缩,而最优产能则经历了从小幅度增长到保持不变状态的转变。在 2014—2017 时间段内,最优产能一直保持不变,而实际产能经历了大幅度的下降,下降幅度逐年增大,到 2017 年,下降幅度高达 12.543%。显然,在此时间段内最优产能的波动幅度远远平稳于实际产能。

表 3-7　中国煤炭最优产能增速和实际产能增速的描述性统计分析(1990—2017 年)

名称	均值	标准差	最小值	最大值
最优产能增速/%	5.125	5.547	0	19.767
实际产能增速/%	4.477	8.836	-12.543	21.757

(2) 与实际产能相比,最优产能的调整更为及时。

由图 3-5 可见,实际产能往往滞后 1~3 年才做出与最优产能类似的产能调整。在 1993—1995 年,最优产能以平均 5.478% 的速度增长,而实际产能在 1993—1994 年处于大幅度收缩状态,在 1995—1997 年呈现以平均 8.461% 的速度增长,显然,在这一阶段最优产能调整早于实际产能调整两年的时间。在 1996 年,最优产能增速开始放缓,仅以 1.370% 的速度扩张,到 1997—1999 年最优产能保持不变,而 1996 年实际产能增速还在提升,高达 14.766%,自 1997 年实际产能增速才开始放缓,1998 年呈现负增长,显然,在这一阶段最优产能调整早于实际产能调整约一年的时间。2000 年,最优产能开始增长,此时实际产能还延续着前期的负增长状态,自 2002 年起,实际产能才开始高速增长,显然,在这一阶段最优产能调整早于实际产能调整约两年的时间。在 2004 年,最优产能增速开始放缓,而此时实际产能仍保持前期高速增长的态势,且增速从 2004 年的 9.518% 上升到 2006 年 21.757%,实际产能增速自 2007 年起才开始放缓,由此可见,在这一阶段最优产能调整早于实际产能调整约三年的时间。在 2012 年,最优产能增速已放缓至零点附近,而实际产能仍维持着 12.167% 的速度增长,到 2014 年其增速才放缓为 2.212%,由此可见,在这一阶段最优产能调整早于实际产能调整约两年的时间。

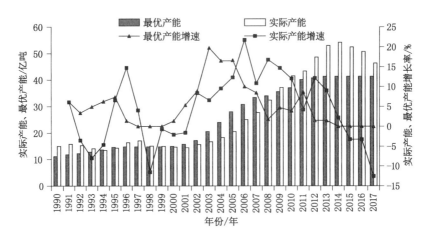

图 3-5　最优产能、实际产能及其增速(1990—2017 年)

（3）与实际产能成本相比,煤炭行业若沿着最优产能发展可节约大量成本,特别是退出成本和缺货成本。

由图 3-6 可见,在 1990—2017 年间,最优产能所产生的总成本远远低于实际产能总成本,且最优产能所产生的年度成本也低于或等于年度实际产能成本,年度最优产能成本类似于年度实际产能成本的包络线。在这一考察时间段内,年度最优产能平稳地小幅度增长,而年度实际产能在 1993—1995 年、1999 年、2003—2008 年和 2015—2017 年产生了高额成本,特别是 2005 年和 2017 年年度实际产能成本比最优产能成本高出了 225.447 亿元和 464.364 亿元。因此,通过跨期产能优化,中国煤炭行业可以节约大量的成本。

由图 3-7 可见,最优产能比实际产能所节约的成本主要来自退出成本和缺货成本。在 1990—2017 年间,最优产能呈现较为平稳的增长趋势,未出现负增长状态,因此,最优产能并未出现产能退出。而实际产能在 1992—1994 年、1998—2001 年和 2015—2017 年出现了产能退出,由此引发了高额的退出成本,特别是 2017 年,退出成本高达 391.831 亿元。此外,在 1990—2017 年间,最优产能可生产出的最大产量往往高于需要自给的煤炭需求量,因而很少产生缺货成本。而在实际产能下,2001—2008 年产生了高额的缺货成本,特别是 2004—2007 年年度缺货成本超过了 200 亿元。此外,由于在最优产能下,煤炭行业可以平均维持更少的过剩产能,所以,在 1990—1993 年、1996—1999 年和 2009—2017 年,最优产能比实际产能节约了年均 7.420 亿元的窖藏成本。由于维持过

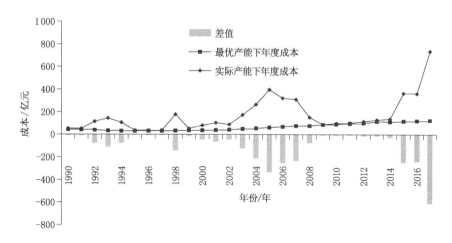

图 3-6　最优产能和实际产能下年度成本及两者的差值

多产能还会产生相应的环境成本,所以,在上述三个时间段内,最优产能比实际产能还节约了环境成本。

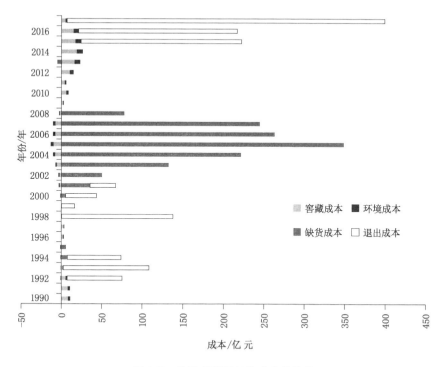

图 3-7　最优产能下各类成本节约量

第4章 中国煤炭产能偏离度的解构

第2章测算出了边界产能,并把其作为中国煤炭历年实际产能的估计值,第3章优化了历年跨期最优产能。本章的目标在于核算中国煤炭实际产能与最优产能的偏离程度,并尝试从供给侧和需求侧把其解构为产能自然偏离和周期偏离,从而为第5章全面系统地研究产能偏离形成机理奠定前期基础。

4.1 产能偏离度的核算与演化分析

为了描述实际产能与最优产能的偏离情况,前文定义了产能偏离水平和产能偏离度两个概念。产能偏离水平用于反映实际产能偏离最优产能的大小,由反映实际产能水平的边界产能和最优产能的差值计算而得。产能偏离度用于反映实际产能偏离最优产能的程度,由产能偏离水平占最优产能的百分比表示。基于第2章和第3章所得的历年边界产能数据和最优产能数据,可以计算出1990—2017年中国煤炭产能偏离水平和产能偏离度,如表4-1和图4-1所示。中国煤炭产能偏离度的描述性统计量如表4-2所示。

表 4-1 中国煤炭产能偏离水平和产能偏离度(1990—2017年)

年份/年	实际产能/亿吨	最优产能/亿吨	产能偏离水平/亿吨	产能偏离度/%
1990	14.946	11.120	3.826	34.406
1991	15.856	11.800	4.056	34.373
1992	15.299	12.200	3.099	25.402
1993	14.075	12.800	1.275	9.961
1994	13.421	13.600	−0.179	−1.316
1995	14.304	14.600	−0.296	−2.027
1996	16.416	14.800	1.616	10.919
1997	17.079	14.800	2.279	15.399
1998	15.109	14.800	0.309	2.088
1999	15.005	14.800	0.205	1.385

表 4-1(续)

年份/年	实际产能/亿吨	最优产能/亿吨	产能偏离水平/亿吨	产能偏离度/%
2000	14.696	15.000	−0.304	−2.027
2001	14.464	15.800	−1.336	−8.456
2002	15.675	17.200	−1.525	−8.867
2003	16.708	20.600	−3.893	−18.893
2004	18.298	24.000	−5.702	−23.758
2005	20.551	28.000	−7.449	−26.604
2006	25.022	30.800	−5.778	−18.760
2007	27.731	33.400	−5.669	−16.973
2008	32.383	34.000	−1.617	−4.756
2009	37.146	35.600	1.546	4.343
2010	41.614	37.000	4.614	12.470
2011	43.366	40.200	3.166	7.876
2012	48.643	40.800	7.843	19.223
2013	53.015	41.400	11.615	28.056
2014	54.187	41.400	12.787	30.886
2015	52.433	41.400	11.033	26.650
2016	50.731	41.400	9.331	22.539
2017	46.367	41.400	4.967	11.998

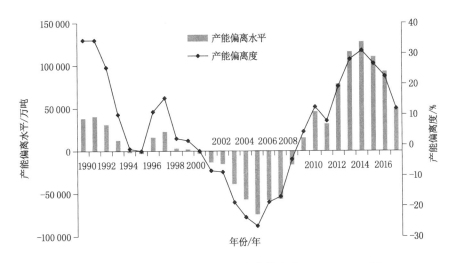

图 4-1　中国煤炭产能偏离水平和产能偏离度(1990—2017 年)

表 4-2　中国煤炭产能偏离度的描述性统计量

年份/年	均值	标准差	最大值	最小值
1990—2003	6.596	16.125	34.406	−18.896
2004—2017	5.228	20.034	30.887	−26.604
1990—2017	5.912	17.904	34.406	−26.604

从产能偏离的波动幅度来看,在 1990—2017 年,产能偏离水平的波动幅度不断增大,这说明中国煤炭实际产能偏离最优产能的体量不断加大,这主要是由中国煤炭产能总量自 20 世纪 90 年代起整体上呈增长趋势所引发的。从产能偏离度来看,在这 28 年中,产能偏离度的波动幅度基本一致,后 14 年(2004—2017 年)比前 14 年(1990—2003 年)的波动幅度相对较大。产能偏离程度较大的年份分别是 1990 年、2005 年和 2014 年,其中,1990 年和 2014 年实际产能比最优产能分别高出了 34.406% 和 30.887%,2005 年实际产能比最优产能低了 26.604%。这 28 年,平均产能偏离度为 5.912,说明实际产能高于最优产能的情况更为常见,这意味着中国煤炭在 1990—2017 年间出现的产能过剩现象比产能不足现象多。

从产能偏离度波动的方向来看,1990—2017 年,产能偏离主要经历了三次下降阶段和两次上升阶段。1990—1995 年,产能偏离度不断下降,由正转为负,从 1990 年的 34.406% 下降到 1995 年的 −2.030%,产能偏离水平也从 1990 年的 38 259 万吨下降到 1995 年的 −2 964 万吨,这说明在这个阶段实际产能逐渐由远远高于最优产能逐渐回归到最优产能水平。1997 年,亚洲金融风暴导致中国煤炭需求疲软,1996—1997 年最优产能保持不变,既尽可能地减少维持过多的过剩产能,又避免因产能退出而产生退出成本。而实际产能却依旧维持着 1994 年以来的上升趋势,从 1995 年的 143 036 万吨上升到 1997 年的 170 788 万吨,进而引发 1996 年和 1997 年的实际产能分别高于最优产能 16 157 万吨和 22 788 万吨,产能偏离度分别为 10.917% 和 15.397%。在国家去产能政策的推动下,1998 年中国煤炭产能大幅下降,产能偏离度由 1997 年的 15.397% 下降到 2.086%,在一年内,由产能过剩回归到最优产能水平。去产能过程从 1998 年一直持续到 2001 年,共减少了两亿多吨产能,产能偏离度也由正转为负,到 2001 年,产能偏离度下降到 −8.453%。自 2003 年起,煤炭需求量大幅攀升,实际产能增速低于需求量增速,实际产能偏离最优产能的程度逐渐拉大。自 2006 年起,煤炭产能大幅度扩张,实际产能逐渐向最优产能逼近,到 2008 年,实际产能与最优产能的偏离度缩小到 −4.755%,到 2009 年,产能偏离度由负转为正,产能偏离度转变为 4.343%,自此,中国煤炭产能开始向产能过剩状态转变。2009—2014 年,中国煤炭需求量的增长速度较 2003—2008 年有所放缓,中国煤炭产能持续保持高速上升的状态,远远高于最优产能的增长速度,这导致产能偏离水平和产能偏离度呈大幅增加趋势,到 2014 年,产能偏离水平高达 127 874 万吨,产能偏离度高达 30.887%,中国煤炭行业出现了严重的产能过剩。2015—2017 年,国家出台政策大力去产能,促进中国煤炭产能大幅度下降,加速了实际产能向最优产能逼近,产能偏离度从 30.887% 下降到 11.998%。

从产能偏离度的正负符号来看,在 1990—1999 年和 2009—2017 年,产能偏离水平和产能偏离度基本是正向的,说明在这两个时间段内,中国煤炭实际产能高于最优产能,处于产能过剩状态。而在 2000—2008 年,产能偏离水平和产能偏离度基本是负向的,说明在这个时间段内,中国煤炭实际产能低于最优产能,处于产能不足状态,并由此把中国煤炭产能偏离分为三个阶段。

第一阶段(1990—1999 年):实际产能整体上高于最优产能,处于产能过剩状态。在 20 世纪 80 年代早期,国家放松对小煤矿的限制,提出"有水快流"和"国家、集体、个人一齐上,大中小煤矿一起搞"的方针,旨在大力发展煤炭产能,特别是大力支持小煤矿的发展,这一方针一直贯彻到 1997 年。从 1994 年开始,财政分权制度逐步发展起来,政府对煤炭行业的投资激励意愿和能力不断增强。这些政策和制度促进小煤矿的大量发展,中国煤炭产能快速扩张,产能扩张速度高于煤炭需求量的增长速度,这引发实际产能远远高于最优产能水平,1990—1997 年产能偏离水平平均高达 19 594 万吨,产能偏离度平均高达 15.889%。1998 年,为了应对产能过剩,提出强力关井压产,中国煤炭产能大幅下降,产能偏离度从 1997 年的 15.397% 下降到 1999 年的 1.384%,煤炭产能回归到最优产能水平。

第二阶段(2000—2008 年):实际产能低于最优产能,处于产能不足状态。在 1998 年以来的去产能政策的影响下,2000 年产能偏离度下降到 −2.027%,中国煤炭产能开始向产能不足状态转变。随着 2001 年年底中国加入 WTO,2002 年出口额大量增加,2002 年 GDP 增速高达到 9.1%,自此中国经济进入了快速发展通道,再加之 2002 年世界油价上涨导致中国经济对国内煤炭更加依赖,2003 年煤炭消费量增长率开始呈两位数增加。然而,中国煤炭产能虽然大幅扩张,但产能增速仍低于需求量增速,在 2000—2008 年,实际产能持续低于最优产能,实际产能偏离最优产能的程度逐渐拉大,特别是在 2005 年,产能偏离水平达到 −74 490 万吨,产能偏离度达到 −26.604%。

第三阶段(2009—2017 年):实际产能高于最优产能,处于产能过剩状态。2008 年,全球金融危机爆发,中国煤炭需求量增速开始放缓,而实际产能仍保持 2003 年以来的高增长速度,这导致自 2009 年起中国煤炭产能开始向产能过剩状态转变。2009—2014 年,产能偏离水平和产能偏离度呈大幅增加趋势,产能过剩愈演愈烈。为此,2015 年,国家提出了年度淘汰落后产能的任务,2016 年,国务院正式明确了去产能的目标。从 2016 年开始,用三至五年的时间,退出产能 5 亿吨左右、减量重组 5 亿吨左右。这推动中国煤炭产能大幅下降,从 2014 年的 541 874 万吨下降到了 2017 年的 443 674 万吨。由于这四年间最优产能保持不变,相应的,产能偏离水平从 127 874 万吨下降到 2017 年的 49 674 万吨。可以预见,中国煤炭行业若以此力度去产能的话,在 2018—2019 年,中国煤炭产能便有望回归到最优产能水平。

4.2 产能偏离度的解构:自然偏离和周期偏离

由图 4-1 可知,中国煤炭产能在绝大多数年份大幅度地偏离最优产能,由此引发中国煤炭产能过剩或产能不足,从而引发资源浪费、员工失业、物价上涨等诸多社会经济问题。如何让中国煤炭产能回归到最优产能水平,成为中国经济政策部门和学术界共同关心的问题。回答这一问题的前提条件是,深入认知历年中国煤炭产能偏离的特征和构成。这为下一步研究产能偏离机理和产能偏离调控政策设计奠定了前期基础。

基于过去 30 年中国煤炭行业的发展情况,可以推测中国煤炭产能偏离不仅受到需求冲击的影响,还受到供给侧的影响。在需求侧,未预期的需求冲击会导致煤炭产能偏离。如图 4-2 所示,煤炭需求增长率与产能偏离度基本呈负相关,由此可见,未预期的正向需求冲击很可能会导致实际产能低于最优产能,而未预期的负向需求冲击很可能会引发实际产能高于最优产能。然而,中国煤炭产能偏离并不仅仅受到了需求冲击的影响。无论是 2010—2014 年产能偏离度的大幅度上升,还是 2015—2017 年产能偏离度的大幅度下降,都无法仅依靠需求冲击来解释。这意味着,中国煤炭产能偏离很可能还受到了供给侧的影响。在供给侧,即使在完全竞争市场和未来需求已知的情况下,厂商做出最优产能决策的难度很大,而不完全竞争市场和国家干预等会进一步加剧实际产能与最优产能的偏离。如前所述,在完全竞争市场和考察时间段内需求量已知的情况下,面对煤炭需求量大幅波动,煤炭产能决策仍会陷入困境:若维持过剩产能过多,会增加产能窖藏成本;若维持过剩产能过少,会因供应不足产生缺货成本;若随着需求波动频繁调整产能数量,会增加大量的产能调整成本,特别是产能退出成本。因此,在完全竞争市场,厂商很可能做出偏离最优产能的产能决策。在不完全竞争市场,为了阻止新厂商的进入,厂商会维持过多的产能以增加进入壁垒。此外,中国经济和煤炭行业也受到了政府干预,已有研究证明不合意的政府投资干预很可能会引发产能过剩,从而加剧产能偏离[223-224]。综上,中国煤炭产能偏离很可能是需求侧和供给侧共同作用的结果。

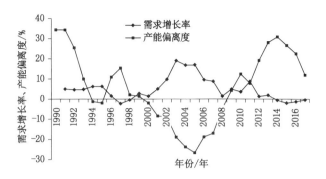

图 4-2　中国煤炭产能偏离度与煤炭需求量

由此,可以推测,中国产能偏离可以分解为两部分,一部分是仅由需求冲击引发的产能偏离,另一部分是除了需求冲击外,其他因素引发的产能偏离,主要是指在无需求冲击下、当前体制下的厂商产能决策所引发的产能偏离,并把二者占最优产能的百分比定义为产能周期偏离度和自然偏离度。

这一分解为深入认识中国煤炭产能偏离的构成和内在机理提供了新的视角,基于这两部分产能偏离各自的偏离程度和作用机理的政策设计为有效管理中国煤炭产能问题提供了新的思路。然而,由于产能自然偏离度不易观察,这一分解并没有得以证实,更没有产能周期偏离度和自然偏离度的数据及其波动特征,这给中国煤炭产能偏离的深入认知、成因剖析和政策设计带来了困难:① 产能周期偏离度和自然偏离度存在的不确定性使得难以正确认知中国煤炭产能过剩或产能不足问题,从而基于存在或不存在先验假设的研究皆不攻自破。② 产能周期偏离度和自然偏离度数据的缺乏给中国产能过剩或产能不足成因和政策的实证研究带来了挑战。如果利用没有剥离产能周期偏离度的总产能偏离度探究自然产能偏离的成因,实证研究得出的各个成因的显著性水平和影响大小因受到产能周期偏离波动的干扰而缺乏可靠性;反之,所得的产能周期偏离的成因也会受到产能自然偏离波动的干扰。可以推测,由此提出的政策建议将缺乏可参考性。

为此,以中国煤炭产能偏离为研究对象,致力于回答在中国煤炭产能偏离是否可以显著地解构为自然偏离和周期偏离,并提供自然偏离度和周期偏离度数据及其波动特征。对于具体的做法,首先,构建产能偏离度定量解构的状态空间模型,其构建思路在于:先设定产能偏离度为自然偏离度和周期偏离度之和,作为状态方程,再根据产能周期偏离度的概念,即仅由需求冲击引发的产能偏离度,并借鉴产能利用率定量解构的方法,把产能周期偏离作为需求冲击的代理变量,与供给冲击一起解释价格的变动,从而构建"煤炭产能偏离度-物价"方程,并把其作为状态空间模型的测量方程。这一测量方程的作用在于识别产能偏离度中的周期偏离度,从而把产能周期偏离度从产能偏离度中分解出来,产能偏离度与产能自然偏离度的差额,即为产能自然偏离度。在上述状态方程和测量方程的基础上,基于产能自然偏离度和周期偏离度随时间的变化过程,再分别构建关于自然偏离度和周期偏离度的两个状态方程,由此构造了包括一个测量方程和三个状态方程的产能偏离度解构的状态空间模型。其次,利用 1994—2017 年的数据和卡尔曼滤波的方法从总产能过剩定量分解出这 24 年间的自然偏离度和周期偏离度数据,并以 0.05 显著性水平作为判断标准,检验和证实自然偏离度和周期偏离度的存在性。再次,剖析自然偏离度和周期偏离度的波动规律。最后,提出研究结果给政策设计的启示。

产能偏离度解构的研究价值在于:通过证实产能偏离度可以显著地解构为自然偏离度和周期偏离度,为深入理解中国产能偏离提供一个新的视角,也为中国煤炭产能偏离的成因和政策研究提供了自然偏离度和周期偏离度存在与否的理论基础。通过提供 1994—2017 年间中国煤炭行业自然偏离度和周期偏离度的数据,为后续的煤炭偏离的成因和政策研究提供数据支持。

4.2.1 模型的构建

沿着上述产能偏离度定量解构模型的构建思路,借鉴"三角模型"[225],用周期产能偏离度作为需求因素的代理变量,行业的物价水平代替通货膨胀,并在考虑价格预期的基础上构建"附加预期的煤炭产能偏离度-物价"的方程,如式(4-1)所示。

$$P_t = P^e + a(L)(P_{t-1} - P_{t-1}^e) + b(L)(CD_t - NCD_t) + c(L)z_t + e_t \quad (4\text{-}1)$$

式中,P 代表价格指数;L 是滞后算子;$b(L)$ 和 $c(L)$ 都是滞后多项式;P^e 表示价格预期;CD_t 和 NCD_t 分别指产能偏离度和产能自然偏离度,两者的差值即为产能周期偏离度;z_t 为供给冲击;e_t 为随机误差项;t 代表时间。

对于供给冲击变量的选取,在现有社会层面产能利用率的研究中包括汇率的变化率、石油实际价格的变化率、生产力变化率及政府物价和工资管制[226]。由于本书是对行业层面产能偏离度的研究,供给冲击选取可能影响煤炭价格的变量:资本增量 ΔK_t,代表企业生产规模扩张或新企业的进入,产生正向的供给冲击,预期系数为负。煤炭行业产能政策 POL_t,产能政策会促进产能扩张或产能收缩,产生正向的供给冲击,预期系数为负。煤炭行业的工资水平增量 ΔW_t,代表煤炭行业的劳动力成本,产生负向的供给冲击,预期系数为正。利率增量 ΔR_t,作为货币政策重要手段,代表增加投资的成本,产生负向的供给冲击,预期系数为正。依次加入这些变量,并基于统计检验结果进行取舍。

　　基于中国煤炭的现实情况,本章构建时变的自然偏离度模型,其原因在于以下几个方面:自 1994 年起,财政分权制度逐步发展起来,政府对煤炭行业的投资激励意愿和能力不断增强,推动产能自然偏离度的上升[223]。2005 年,国家确立了以煤为主的能源发展战略,这也推动了地方政府对在位煤炭企业投资激励和招商引资的意愿,同时,这也容易引发企业对煤炭产业良好前景的共识,从而促使大量新企业的进入[4]。1998 年和 2016 年,国家明确全国年度去产能任务和各个省份去产能任务,这抑制了地方政府对煤炭行业的投资激励意愿和能力,各地政府为了完成去产能任务,不再审批新建煤矿,并大力推动各地煤炭行业产能的退出,这很可能会在一定程度上压低自然偏离度。由此可见,在不同的时间段,会有不同的因素拉动或者压低产能自然偏离度,显然,产能自然偏离度很可能是随时间而变的。

　　由此,1994—2017 年间中国煤炭产能自然偏离度的动态变化具有现实基础。如果将中国煤炭行业的自然偏离度限定为一个常量,可能会导致估计结果具有一定的偏差。因此,构建时变的自然偏离度模型。由于未曾发现关于时变产能自然偏离的研究,常用于估计时变自然失业率的两种方法值得借鉴[227-228]。

　　(1)纯统计模型,利用某些统计技术,直接将观测失业率分解为趋势项和周期项,失业的趋势项即被认为是自然失业率。这一方法可以用于分解产能偏离度,计算简单易行,且所用的算法 HP 滤波也比较成熟。但是,这一方法将产能偏离度以外的其他信息都忽略掉,包括产能偏离度与物价波动之间的关系,缺乏经济理论基础,限制了其研究价值[229]。

　　(2)结构模型,通过建立状态方程并利用卡尔曼滤波算法求解。与纯统计模型相比,其优势在于直接与自然偏离度的理论定义相联系,利用解释物价波动过程的等式去估计自然偏离度,为研究政府产能政策的经济效果提供支持,而且除了产能偏离度和物价之间的关系外,还允许控制更多的相关变量,如供给冲击,而这些控制变量对估算结果会有显著影响,从而提升了估算的准确性。此外,所依赖的核心技术卡尔曼滤波已被广泛应用,并得到了令人较为满意的结果。

　　基于上述分析,通过建立状态方程,利用卡尔曼滤波算法求解时变产能自然偏离度。

　　将产能偏离度(CD_t)分解成随机趋势项即产能自然偏离度(NCD_t)和周期项即产能周期偏离度(CCD_t),并估算不可观测状态变量 NCD_t、CCD_t 和价格预期(P_t^e)。

　　假设 $P_t^e = P_{t-1}$,时变自然偏离度模型的量测方程如式(4-2)和式(4-3)所示。

$$CD_t = NCD_t + CCD_t \tag{4-2}$$

$$\Delta P_t = a(L)\Delta P_{t-1} + \beta(CD_t \cdot L) + \varphi z_t + e_t \tag{4-3}$$

与大多数自然失业率研究的文献一致,为了保证产能偏离度受滞后一期的影响且尽量避免了由于增加过多的估计系数而降低模型有效性的风险,假定产能偏离度的随机趋势项 NCD_t 符合随机游走过程,产能偏离度的周期项 CCD_t 符合一阶自回归过程,状态方程如式(4-4)和式(4-5)所示。

$$NCD_t = NCD_{t-1} + \theta_t \tag{4-4}$$

$$CCD_t = CCD_{t-1} + \eta_t \tag{4-5}$$

为了提高状态空间模型系数估算的有效性,首先构建不变的自然偏离度模型,为时变的自然偏离度模型提供参数的有效初始值,模型如式(4-6)所示。

$$\Delta P_t = a(L)\Delta P_{t-1} + \beta(CD_t \cdot L - NCD) + \varphi \Delta z_t + e_t \tag{4-6}$$

由于 NCD 是常数,令 $\alpha = -\beta NCD$,式(4-6)改写为(4-7)的形式。

$$\Delta P_t = \alpha + a(L)\Delta P_{t-1} + \beta(CD_t) + \varphi \Delta z_t + e_t \tag{4-7}$$

因此,可以根据估算出来的常数项 α 和产能偏离度系数 β 计算不变自然偏离度 $NCD = -\alpha/\beta$。

与现有文献一样,采用 OLS 估计方法。

4.2.2 样本与数据来源

自 1994 年起,中国取消了对煤炭价格的控制,所有煤炭的价格皆由市场决定,市场机制开始对煤炭产能发挥主要的调节作用,因此,选取 1994—2017 年的样本,变量的数据来源如表 4-3 所示。

表 4-3 变量名称和数据来源

变量名称	变量含义	数据来源
CD_t	产能偏离度	本书的表 4-1
ΔP_t	煤炭价格的增量	采用煤炭行业出厂价格指数,数据来自国家统计局网站
ΔK_t	固定资本增量	采用煤炭行业固定资产年平均余额数据,数据来自国家统计局网站
POL_t	产能政策	基于政策强度、政策内容、政策力度等给产能政策进行赋值,旨在拉动产能扩张的政策赋予正值,旨在去产能的政策赋予负值
ΔW_t	工资增量	采用煤炭行业工人平均工资,数据来自国家统计局网站
ΔR_t	利率增量	采用 1 年至 3 年贷款利率,数据来自中国人民银行网站

4.2.3 参数估算结果

借鉴文献[228]的做法,分两步对模型进行估算:第一步,估算单方程模型,第二步,把单方程模型的估算结果作为初始值,估算状态空间模型,以此提高状态空间模型系数估算的有效性。

（1）单方程模型的估算结果

在产能偏离度 CD_t 滞后期长度的选择上,根据 AIC 和 SC 准则确定模型中产能偏离度的最优滞后期长度是 1,因此,采用滞后一期的产能偏离度。对于价格增量 ΔP_t 的滞后阶数的选择,如表 4-4 所示,与模型 1 和 2 相比,加入滞后一期 ΔP_t 的模型 3 的拟合优度和 F 检验值都大幅提升,R^2 值从模型 1 的 0.247 和模型 2 的 0.464 上升到 0.701,F 值从模型 1 的 3.93 和模型 2 的 6.625 上升到 12.282,DW 自相关检验的结果表明不存在自相关,且所有解释变量都通过 0.05 水平下的显著性检验,因此,采用滞后一期的价格增量作为价格增量的惯性。对于供给冲击变量的选择,采用逐步加入变量的方法,首先加入固定资产投资增量 ΔK_t,在模型 1~5 中,固定资产投资皆通过了 0.05 显著性水平的 t 检验,这说明固定资产投资增量 ΔK_t 作为供给冲击显著地影响了价格变动。在模型 2 中,加入了滞后一期的产能政策 POL_{t-1},与模型 1 相比,加入 POL_{t-1} 的模型 3 的拟合优度和 F 检验值都大幅提升,R^2 值从模型 1 的 0.247 上升到模型 2 的 0.464,F 值从模型 1 的 3.93 上升到模型 2 的 6.625,DW 自相关检验的结果表明不存在自相关,且在模型 2~5 中,滞后一期的产能政策 POL_{t-1} 皆通过了 0.05 显著性水平下的 t 检验,这说明滞后一期的产能政策作为供给冲击显著地影响了价格变动。之后,分别加入工资增量 ΔW_t 和利率增量 ΔR_t,但没有通过 0.05 显著性水平下的 t 检验,且拟合优度和 F 值也没有明显的提升,说明这两个变量对价格变化没有显著的影响。因此,采用滞后一期的价格增量作为价格增量的惯性,选择固定资产投资增量和滞后一期的产能政策作为供给冲击,即模型 3。

表 4-4　单方程模型的参数估计结果

被解释变量 ΔP_t	模型 1	模型 2	模型 3	模型 4	模型 5
CD_{t-1}	−2.284 2** (0.872)	−2.362*** (0.764)	−1.780*** (0.559)	−1.651*** (0.534)	−1.750*** (0.581)
ΔK_t	−3.519 9** (1.547 6)	−2.414** (1.386)	−2.526** (1.002)	−3.045*** (1.004)	−2.472** (1.037)
POL_{t-1}		−5.160*** (1.678)	−5.394 3*** (1.370 0)	−5.116*** (1.325)	−5.351*** (1.404)

表 4-4(续)

被解释变量 ΔP_t	模型 1	模型 2	模型 3	模型 4	模型 5
ΔP_{t-1}			0.542*** (0.164)	0.414*** (0.178)	0.545*** (0.169)
ΔW_t				1.61 (0.989)	
ΔR_t					4.022 (10.475)
α	67.115*** (21.140)	49.168** (19.432)	33.9658** (12.812)	28.485** (12.533)	34.677** (13.226)
R^2	0.247	0.464	0.701	0.742	0.700
Adj. R^2	0.184	0.394	0.644	0.677	0.626
F	3.930**	6.625***	12.282***	11.500***	9.367***
DW	1.668	1.969	2.124	2.127	2.131
NCD/%	29.382	20.816	19.082	17.253	19.815

注:括号中的数值为标准误;**和***分别表示在5%和1%显著性水平下显著;Adj. R^2 表示调整后的 R^2。

根据模型 3 的估算结果,中国煤炭产能自然偏离度为 19.082%,说明即使不存在产能周期偏离,中国煤炭产能也一直处于产能过剩的状态,与现有研究认为的中国产能过剩具有长期性的判断一致。而在需求旺盛时,负的产能周期偏离掩盖了产能过剩风险,如 2002—2007 年 GDP 呈两位数增长率攀升时且在需求高涨时,虽然看似处于产能不足的状态,但也可能蕴含着产能过剩的风险;而在需求疲弱甚至经济萧条时,正的产能周期偏离加剧了产能过剩。式(4-6)所估算出的 CD_{t-1} 的系数为负,表明产能周期偏离度(ECU$_t$·L-NECU)与价格变化存在显著地短期替代关系,即当年产能周期偏离度的降低,会带来下一年的煤炭价格增长率的提升。

(2)状态空间模型的估算结果

基于单方程回归结果的分析,式(4-3)选用表 4-4 中的模型 3 的形式。以单方程的参数估计结果作为测量方程式(4-3)系数的初始值,以不变产能自然偏离度模型的相应残差方差的自然对数,作为状态空间模型残差对数的初始状态值,式(4-4)和式(4-5)中 θ_t 和 η_t 的方差自然对数的初始值基于经验设定,式(4-3)的估算结果如表 4-5 所示。可以看出,状态空间模型拟合效果优良,状态变量和量测方程的所有解释变量都通过了 0.01 显著性水平下的 z 检验。这说明,中国煤炭产能偏离度可以显著地解构为产能自然偏离度和周期偏离度。

表 4-5 状态空间模型的参数估计结果

CD$_t$	POL$_{t-1}$	ΔK_t	ΔP_{t-1}	NCD$_t$	CCD$_t$	对数似然函数值	递归次数
−1.982***	−2.186***	−0.915***	0.010***	9.576***	−2.409***	−229.270	33
(0.828)	(0.126)	(0.468)	(0.318)	(4.315)	(4.657)		

注:NCD$_t$ 和 CCD$_t$ 对应的是其 2017 年的取值,其他则为系数值;***表示各个系数在 1%显著性水平下显著;NCD$_t$ 和 CCD$_t$ 括号中的数值为残差平方根,其他括号中的数值则为标准误。

1994—2017 年产能自然偏离度和周期偏离度如表 4-6 所示,两者的均值、方差等描述性统计量如表 4-7 所示。

表 4-6 中国煤炭产能自然偏离度和周期偏离度(1994—2017 年)

年份/年	1994	1995	1996	1997	1998	1999	2000	2001
NCD$_t$/%	11.470	13.355	16.361	14.800	10.702	8.701	8.461	8.488
CCD$_t$/%	−12.786	−15.385	−5.444	0.598	−8.616	−7.317	−10.488	−16.941
年份/年	2002	2003	2004	2005	2006	2007	2008	2009
NCD$_t$/%	7.844	8.141	9.597	7.636	6.386	10.406	9.841	11.772
CCD$_t$/%	−16.709	−27.037	−33.356	−34.240	−25.146	−27.380	−14.597	−7.429
年份/年	2010	2011	2012	2013	2014	2015	2016	2017
NCD$_t$/%	14.213	13.123	10.899	9.672	8.320	8.467	11.214	9.576
CCD$_t$/%	−1.743	−5.246	8.323	18.383	22.568	18.184	11.324	2.422

表 4-7 中国煤炭产能自然偏离度和周期过偏离度的描述性统计量

变量	均值	标准差	最小值	最大值
NCD$_t$/%	10.394	2.515	6.386	16.361
CCD$_t$/%	−8.037	15.828	−34.240	22.568

4.3 产能自然偏离度和周期偏离度的特征分析

(1)中国煤炭产能偏离可解构为产能自然偏离和周期偏离。

由表 4-5 可知,中国煤炭产能偏离度可在 0.01 显著性水平下显著地解构为产能自然偏离度和周期偏离度,这表明:① 在产能过剩和不足成因分析时,应以自然偏离度和周期偏离度的存在作为前提,关注中国煤炭产能中自然偏离度和周期偏离度的特征,深入分析两者占总产能偏离的比重以及各自的形成机理,进而给出更为系统而深入的产能偏离内在机理的判断。② 在产能政策制定和评判时,以往基于总产能过剩或不足的特征采取的煤炭产能治理的对策难以从根本上解决问题,应基于产能自然偏离和周期偏离成因的科学判断设计产能政策方案,并结合自然偏离度和周期偏离度对经济的不同影响,即煤炭产能周期偏离与煤炭价格存在相互替代关系,自然偏离度与价格变动相独立,制定既有效化解产能过剩又把价格上涨控制在可接受范围的产能政策。③ 在产能过剩或不足的实证分析时,以往基于总产能过剩率数据的研究和产能自然偏离或产能周期偏离的成因和政策效果的研究皆会因受到另一部分的变动而使实证结果受到干扰,应该分别利用自然偏离度和周期偏离度的数据实证检验两者各自的成因和政策效果,从而提高研究结果的有效性。

(2)中国煤炭产能自然偏离度呈小幅度波动,在推动产能过剩上发挥重要作用。

如表 4-7 和图 4-3 所示,1994—2017 年产能自然偏离度的标准差为 2.515,说明中国煤炭产能自然偏离度呈小幅度波动。这 24 年间,产能自然偏离度都为正值,且其均值为 10.394%。这说明若无需求冲击,在 1994—2017 年间,中国煤炭产能平均会存在 10.394% 的自然偏离度,中国煤炭行业一直处于产能过剩状态。即使在总偏离度为负值的情况下,自然偏离度一直居高不下,成为推动总产能偏离度提升的最重要部分,这也在一定程度上说明产能自然偏离是中国煤炭产能过剩的主要原因,这与现有中国产能过剩研究结果一致[223,230]。

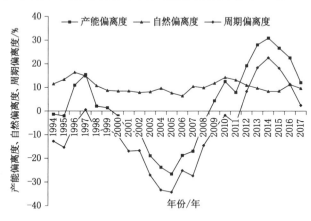

图 4-3　中国煤炭产能自然偏离度和周期偏离度

从产能自然偏离波动的方向上来看:① 在第一阶段(1994—1996 年),产能自然偏离度呈上升趋势,从 1994 年的 11.470% 上升到 1996 年的 16.361%。这一上升趋势可以从地方政府官员晋升考核机制和财政分权制度方面寻求解释。

一方面,自 20 世纪 80 年代开始,中央对地方官员的晋升标准由过去的以政治表现为主转变为以经济绩效为主,激励地方政府官员追求经济绩效。这激发了地方政府对煤炭行业投资激励的动机,这是因为煤炭行业的投资激励不仅通过煤炭产业增加值的增加提升经济绩效,还通过降低这些产业生产成本,经由更低的这些行业产品的生产要素价格降低各个下游行业的生产成本,进而拉动这些下游行业的投资和产值,最终进一步提升经济绩效[231]。另一方面,从 1994 年开始,中国逐步发展起来了财政分权制度,中央政府赋予地方政府在债务安排、税收管理和预算执行方面一定的自主权,地方政府对煤炭行业的投资激励能力不断增强[232]。这两方面共同导致地方政府大力激励煤炭产能的扩张,由此引发产能自然偏离度的上升。② 在第二阶段(1997—1999 年),产能自然偏离度的大幅下降,从 1997 年 14.800% 下降到 1999 年的 8.701%。这是因为 1998 年国家提出关井压矿,明确 1998—1999 年全国年度去产能任务,这抑制了地方政府对煤炭行业的投资激励意愿和能力,各地政府为了完成去产能任务,不再审批新建煤矿,并大力推动各地煤炭行业产能的退出。③ 在第三阶段(2000—2005 年),中国煤炭产能自然偏离度基本保持不变。④ 在第四阶段(2006—2010 年),中国煤炭产能自然偏离度逐年上升,从 2006 年的 6.386% 上升到 2010 年的 14.213%。其原因可能在于,2005 年,国家确立“以煤主导”的方针,煤炭产值占 GDP 的比例也连年增加,从 1995 年的 2.13% 上升到 2013 年的 4.94%,煤炭行业为 GDP 和就业等这些重要的政绩考核指标作出越来越大的贡献,这也激发了地方政府不断加大对煤炭行业投资和政策扶持,进而推动自然偏离度的提升。此外,这一战略也容易引发对煤炭产业良好前景的共识,从而产生“潮涌现象”,促使大量新企业的进入[4]。⑤ 在第五阶段(2011—2017 年),中国煤炭产能过剩日益明显化,国家多次出台政策淘汰落后产能和过剩产能,特别是 2016 年,国家明确了年度去产能任务和各个省份去产能任务,这都抑制了地方政府对煤炭行业的投资激励意愿和能力,从而推动产能自然偏离度不断下降。

(3) 中国煤炭产能周期偏离度与煤炭价格和需求增速呈负相关,推动产能偏离度大幅度的周期性波动。

由表 4-7 和图 4-4 可知,1994—2017 年中国煤炭产能周期偏离度呈大幅周期波动,与煤炭需求和价格呈负相关。产能周期偏离度的均值为 −8.037,说明在不存在产能自然偏离度的情况下,中国煤炭产能不足的可能性高于产能过剩的可能性;产能周期偏离度的标准差为 15.828,远远高于产能自然偏离度的标准差,说明周期产能偏离度波动幅度很大。由表 4-5 和图 4-4 可知,产能周期偏离对价格增量产生显著的负向影响,煤炭产能偏离度每增加 1%,煤炭价格指数增量会降低 −1.982。由图 4-4 可知,中国煤炭产能周期偏离度与煤炭需求增速呈负相关。1994—1997 年煤炭需求增速的放缓,产能周期偏离度波动上升;1998—2003 年煤炭需求增速快速攀升,产能周期偏离度持续下降;2004—2005 年煤炭需求呈小幅度上升,同期产能周期偏离度呈小幅度下降;2006—2015 年煤炭需求波动下降,同期产能周期偏离度波动上升;2016—2017 年煤炭需求开始回升,同期产能周期偏离度逐年下降。由此,可以推测,在其他条件不变的情况下,随着经济好转和煤炭需求量的回升,正向的产能周期偏离会自行消失,同理,随着经济衰弱和煤炭需求量的下降,负向的产能周期偏离亦会自行消失。

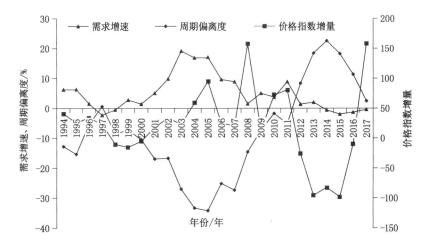

图 4-4 中国煤炭产能周期偏离度、煤炭需求增速和煤炭价格指数增量

产能周期偏离度的符号经历了"负""正""负""正"的交替,即在不存在产能自然偏离的情况下,中国煤炭产能周期偏离推动产能偏离度大幅度的周期性波动,中国煤炭产能可能会由此经历两轮产能不足和产能过剩的交替。① 1994—1996 年,产能周期偏离度为负值。这说明在这一时间段,若无产能自然偏离,中国煤炭产能存在产能不足的风险。从变化趋势上看,煤炭需求增速逐年放缓,引发煤炭产能周期偏离度逐渐趋于零,即产能不足的风险逐渐减弱。② 1997 年,周期偏离度出现自 1994 年以来首次的正值,中国煤炭产能存在一定程度上的过剩风险。随着 1997 年亚洲金融风暴的爆发,中国煤炭需求量出现了自 1994 年以来首次的负增长,增长率为－2.341%,这引发周期偏离度提升到 0.598%,这说明煤炭需求疲软可能导致产能存在一定程度上的过剩风险。③ 1998—2011 年,产能周期偏离度为正值,说明若仅受煤炭需求的影响,煤炭行业在这一时期处于产能不足的状态。在这个时间段内,随着煤炭需求的大幅上升和大幅下降,产能周期偏离度经历了大幅度的下降和上升。1998—2003 年,中国煤炭需求持

续高速增长,产能周期偏离持续下降。2004—2005 年,焦炭、电石、汽车等煤炭的下游产业都存在严重的产能过剩,2005 年国务院部署抑制产能过剩,这给煤炭需求带来负的需求冲击,煤炭需求增速开始放缓,产能周期偏离下降速度开始放缓。2006—2008 年,随着煤炭需求增速持续放缓,中国煤炭产能周期偏离度持续上升。2009—2010 年,为了应对 2008 年国际金融危机,国家采取积极的财政政策和适度宽松的货币政策,推动了煤炭需求量的波动上升,这也引发了 2010—2011 年产能周期偏离度出现了下降。④ 2012—2017 年产能周期偏离度为正值。虽然 2009—2010 年间积极的财政政策和适度宽松的货币政策引发煤炭需求量的短暂上升,但自 2011 年起,中国 GDP 增速从两位数增长转变为一位数增长,煤炭需求增速放缓,特别是 2014 年煤炭需求出现负增长,这推动产能周期偏离度一路上涨。2015—2017 年,煤炭需求增速有所回升,这不断拉低产能周期偏离度。

4.4　结论和政策启示

　　本章证实了中国煤炭产能偏离显著地解构为来自供给侧的产能自然偏离和来自需求侧的产能周期偏离,且两者在诸多方面存有差异(见表 4-8)。① 在波动特征上,产能周期偏离度呈大幅度周期波动,而产能自然偏离度呈小幅度波动。② 在产能偏离中发挥的作用上,产能周期偏离度的符号正负交替,推动中国煤炭产能交替经历产能过剩和产能不足,而产能自然偏离一直为正值,在推动产能过剩上发挥重要作用。③ 在可能的成因和对策上,产能周期偏离可能由需求侧的需求冲击引发,而产能自然偏离可能由供给侧不合意的政府干预、“潮涌现象”等不合意产能决策引发。显然,基于不同的成因,有效调节两者需要的对策亦各不相同。④ 在政策成本上,由于产能周期偏离度对煤炭价格产生负向影响,旨在降低和提升产能周期偏离的政策会引发煤炭价格的上涨或下跌,且煤价波动对物价波动的传递性,可能会引发中国物价的膨胀或紧缩。这些结论为中国煤炭产能管理提供了一些启示。

表 4-8　中国煤炭产能周期偏离和自然偏离的特征和可能的对策

名称	符号	波动特征	作用	可能成因	可能对策	对策代价
产能周期偏离	+、-	大幅度周期波动	推动产能在过剩和不足间交替	需求冲击	财政政策、货币政策	煤价甚至物价的波动
产能自然偏离	+	小幅度波动	推动产能过剩	不合意政府干预	体制改革	对煤价无影响
				“潮涌现象”等不合意产能决策	煤炭市场信息预警平台	

第5章 中国煤炭产能偏离的理论机理与实证检验

在过去的几十年里,中国煤炭产能一直处于"产能不足—产能激励政策—产能过剩—去产能政策—产能不足"的怪圈[20],煤炭产能在多数年份大幅度地偏离最优产能水平,这危及了煤炭资源的优化配置和国民经济的稳定运行。中国一直致力于解决煤炭产能问题,当前更是把去产能工作作为供给侧结构性改革五大任务之首,但实施效果并不明显。因此,深入探究中国煤炭产能偏离的形成机理,对煤炭产能优化管理以及中国供给侧结构性改革具有重要现实意义。

第4章已经证实了中国煤炭产能偏离可以显著解构为来自需求侧的产能周期偏离和来自供给侧的产能自然偏离,其中,产能周期偏离和自然偏离分别界定为仅由需求冲击引发的产能偏离以及市场均衡下在当前体制下厂商产能决策引发的产能偏离。然而,当前与产能偏离相关的实证研究实质上只解释了正向产能自然偏离的成因,即解释了由正向产能自然偏离的成因引发的产能过剩现象。这些研究把产能过剩主要归因于需求波动下的生产要素窖藏、投资的"潮涌现象"和政府不合意的投资干预。其中,需求波动下生产要素窖藏是指厂商维持超额产能,以更小的调整成本应对未来需求波动[233-234]。行业投资的"潮涌现象"是指由于后发优势的存在,中国等发展中国家的企业很容易对下一个有前景的产业产生共识,在对其他企业和总量信息了解不足的情况下,企业各自以利润最大化为目标选择产能水平,造成整个行业投资上出现"潮涌现象",这种过度投资会带来产能过剩[4]。政府不合意的投资干预是指在以考核 GDP 增长为核心的政府官员政治晋升体制、财政分权制度和地方预算软约束下,地方政府具有强烈的动机和能力激励产能不合意的扩张[223,230-231]。可以看出,这些因素独立于需求波动,是引发厂商过度投资的具体成因,皆属于产能自然偏离的成因。

当前实证研究从多个角度为中国产能过剩现象提供了充分的解释,但忽视了产能偏离中负向的产能偏离现象,即产能不足现象,也忽视了产能周期偏离在总产能偏离中的作用,缺乏统筹产能不足和产能过剩的全产能周期视角下和揭示产能周期偏离和自然偏离成因的实证研究,从而削弱了对中国产能过剩和产能不足形成机理的研究力度。此外,现有正向的产能自然偏离成因的研究模型通常以反映总过剩产能水平的指标作为被解释变量,其参数估算结果因被解释变量未剥离周期过剩波动而缺乏可信度。这些研究通常选取过剩行业新增企业数量、企业产能变化数量、过剩产能、产能利用率等反映总产能过剩水平的指标作为被解释变量,以正向产能自然偏离范畴中某个关键要素作为解释变量构建实证模型[235]。但由图 4-3 可知,产能周期偏离度波动幅度相对较大,自然偏离度波动幅度相对较小,在总产能偏离度的波动中,产能周期偏离度波动会掩盖产能自然偏离度的波动,从而导致这种模型的参数估算结果缺乏有效性和准确性。

本章统筹考虑供给侧的产能自然偏离和需求侧的产能周期偏离,分析不同产业结构和有无政府干预情景下代表性厂商的产能决策以探究产能自然偏离的形成机理,并分析不同需求冲击对煤炭产能的影响以探究产能周期偏离的形成机理,由此提出中国煤炭产能偏离的理论机理以及研究假设。在此基础上,利用相关数据检验这些理论研究结论。其可能的贡献在于:① 在研究思路上,打破了已有仅以总产能利用水平为研究对象的分析框架,以代表性厂商为例,从供给侧和需求侧两个方面出发,分别探究产能自然偏离和周期偏离两者各自的形成机理,并统筹这两个方面,完整系统地给出中国产能偏离的形成机理,从而完整地回答产能过剩和产能不足的形成机理。② 在计量模型设计上,与传统的以反映总产能过剩情况的代理变量作为被解释变量做法不同,分别以产能自然偏离和周期偏离作为被解释变量,验证各自的形成机理,避免了由于产能周期偏离的波动掩盖产能自然偏离的波动而带来的估算误差,从而提升估算结果的有效性和准确性。

5.1　产能偏离形成机理的研究假设

基于第 4 章的研究结果,中国煤炭产能偏离可以显著解构为产能自然偏离和周期偏离,且两者可能具有各异的形成机理。本章分别探究产能自然偏离和周期偏离的形成机理,并基于此提出中国煤炭产能偏离形成机理的理论框架。

5.1.1　产能自然偏离

基于上述产能自然偏离的定义,本节产能自然偏离形成机理即探究在市场均衡下产能偏离的形成机理。从完全竞争市场出发,并通过放松价格接受者、市场信息完全、无进入和退出壁垒等假设,讨论厂商策略引发的产能自然偏离,再通过放松无政府干预的假设,阐述政府干预引发的产能自然偏离。简单起见,假设每个厂商的产量和产能相同,长期规模报酬不变,厂商个数不变,即厂商的进入和退出表现为单个厂商产能的扩张和收缩。由于行业产能自然偏离数量是代表性厂商产能自然偏离数量与不变的厂商数量之积,所以本章仅分析代表性厂商的产能决策。

（1）完全竞争市场不存在产能自然偏离

在完全竞争市场，厂商是价格的接受者，面临一条具有完全弹性的水平的需求曲线。厂商短期利润会引发新厂商的进入，基于本书的假设，这等同于代表性厂商的产能扩张，经由市场供给的增加，引发市场价格的下降；厂商的短期亏损会引发在位厂商的退出，基于本书的假设，这等同于代表性厂商的产能收缩，经由市场供给的减少，引发市场价格的上升；最终当厂商处于零利润状态时，即需求曲线与平均成本相切时，市场处于均衡状态，此时，厂商的产量是需求曲线与平均成本的切点，即平均成本曲线的最低点对应的产量值。而为了成本最小化，厂商会选择在平均成本曲线最低点设置产能。因此，完全竞争厂商的长期均衡产量与产能相等。而在完全竞争市场下，最优产能等于长期均衡产量，其原因在于：在完全竞争市场，各行业的厂商规模在长期内是可以任意变动的，不存在任何进入和退出壁垒，即产能调整成本为零，那么，在长期市场均衡时，厂商无须为减少退出成本而维持超额产能进而产生窖藏成本，也无须为减少进入成本而维持过少产能进而产生缺货成本。因此，在完全竞争市场，当市场处于均衡状态时，最优产能决策亦会选择与产量相等的产能数量，从而使得包括窖藏成本、缺货成本和产能调整成本在内的总产能成本为零。综上，在完全竞争市场，当市场处于均衡状态时，实际产能等于最优产能，不存在产能自然偏离。

（2）厂商策略引发的产能自然偏离

对不完全竞争市场的厂商产能决策行为进行分析，本书先在放松价格接受者、市场信息完全、无进入和退出壁垒等假设的基础上，讨论在无政府干预且市场均衡情况下的产能自然偏离的形成机理。在不完全竞争市场，未来需求不确定和进入、退出壁垒会产生未来需求波动预期下产能窖藏效应和阻止进入效应，引发厂商维持产能数量高于最优产能，从而引发产能自然偏离。

① 未来需求波动预期下产能窖藏效应。如第 3 章的分析，产能扩张决策到生产运营具有较长的时间跨度，一般为 5～10 年。因此，煤炭厂商需要基于对未来 5～10 年需求波动的预期做出产能决策。即使在考察时间段内需求量已知，面对煤炭需求量的大幅波动，煤炭产能决策仍会陷入困境：若维持超额产能过多，会增加产能窖藏成本；若维持超额产能过少，会因供应不足产生缺货成本；若随着需求波动频繁调整产能数量，会增加大量的产能调整成本，特别是产能退出成本。因此，当厂商完全已知未来需求量时，煤炭需求的波动性会引发厂商难以做出使得跨期总成本最小化的最优产能决策，从而引发产能自然偏离。而未来需求的不确定性会加剧产能的自然偏离，且厂商对未来 5～10 年需求预期的波动性越大，产生产能自然偏离越多，其原因在于以下两

个方面:一方面,厂商预期需求波动的频率越高,厂商临时调整产能可行性越低,预期需求波动的幅度越大,因前期未储存超额产能而损失的收益额会越高,因此,当厂商预期需求波动越大,厂商会维持越多超额产能,从而导致实际产能高于最优产能的可能性越大,进而引发更多产能自然偏离。另一方面,由于煤矿的机械设备具有较强的专用性,当煤炭需求疲软时,若厂商选择出售机械设备,一则这些设备出售困难,二则出售这些设备所得收益小于其扣除折旧后的现值,而当未来需求旺盛时,厂商却只能以原价购买设备,因此,厂商不断交易设备等以应对需求波动所付出的调整成本,远远高于其在需求疲软时储存超额产能所需的成本。进一步,需求波动的频率越高、振幅越大,需要交易的生产设备等生产要素越多,交易次数越频繁,由此引发的调整成本越高,与之相比,在需求不足时储存超额产能的成本就越低。因此,高额的产能调整成本进一步加强了上述正向影响关系,即厂商预期未来需求波动越大,为了减少产能调整成本,会维持越多的超额产能,从而导致实际产能高于最优产能的可能性越大,进而引发更多产能自然偏离。此外,孙巍等已通过公式推导证明,厂商预期未来需求波动越剧烈,会储存越多超额产能[236]。基于上述分析,可以进一步推演出,厂商预期未来需求波动越剧烈,导致厂商实际产能高于最优产能的可能性越大,从而引发更多产能自然偏离。

由此,提出:

假设 1:厂商预期未来需求波动越大,产能自然偏离越多。

② 阻止进入效应。诸多学者已经通过博弈论证明,如果在位者事先的产能投资具有很高的沉没成本,那么设置超额产能可成为一种可置信的进入壁垒或威慑,对进入者形成先动优势,从而降低准备进入厂商的预期利润,以防止实际进入的发生。可以看出,为了阻止新厂商进入,厂商不再以总成本最小化作为产能决策的目标,而是以阻止新厂商进入为目标,设置过多的超额产能。因此,在阻止新厂商进入的目标下,厂商会维持高于最优产能的超额产能,由此会引发产能自然偏离。值得注意的是,阻止进入效应仅产生于退出成本高和存在显著在位者的行业中。对于煤炭行业来讲,煤矿设备的专用性决定了这些行业的产能具有很高的沉没成本,因此,煤炭行业的厂商具备采取这一策略的必要条件。此外,这一策略主要局限在寡头市场或存在显著在位者的产业中,这是因为存储超额产能需要一定的成本,因而只有当新厂商的进入显著挤出在位者的市场份额时,厂商才宁愿支付超额产能的成本,也要存储超额产能以阻止新厂商的进入。从中国煤炭行业市场结构来看,自 1998 年起,随着国家关闭大量的小煤矿并稳步推进大型煤炭基地建设,中国煤炭行业的市场集中度呈上升趋势,由 1998 年的 7.270% 上升到 2017 年的 27.230%,市场结构由分散式竞争型向集中式竞争

型演变,目前已经具备向寡占型转变的特征。当前,在煤矿兼并重组政策推动下,势必引发集中度进一步的提升。由上述分析可知,随着行业市场集中度的不断提升,厂商通过存储超额产能以阻止新厂商的进入的动机强烈,由此引发更多的产能自然偏离。

由此,提出:

假设2:市场集中度越高,厂商通过存储超额产能以阻止新厂商进入的动机强烈,会引发更多的产能自然偏离。

(3)政府投资激励引发的产能自然偏离

在上一情形的基础上,进一步放松无政府干预的假设,讨论政府干预引发的产能自然偏离。一方面,自20世纪80年代开始,中央对地方官员的晋升标准由过去的以政治表现为主转变为以经济绩效为主,激励地方政府官员追求经济绩效。煤炭作为基础行业,地方政府对激励其投资的动机更为强烈,这是因为煤炭行业的投资激励不仅通过煤炭产业增加值的增加提升经济绩效,还通过降低下游行业的生产成本,拉动这些下游行业的投资和产值,最终进一步提升经济绩效。另一方面,金融体系的预算软约束以及土地和环境的模糊产权为地方政府激励厂商投资提供了可能的手段,即攫取界定模糊的产权和预算"软约束"领域的"公共"资源,利用地方政府财政和国有商业银行给厂商提供大量的银行贷款和补贴。因此,地方政府具有激励煤炭企业产能投资的意愿和能力。

其实,无论地方政府采用哪种投资激励的手段,最终都是通过降低厂商成本来激励厂商产能扩张。由第3章的分析可知,影响产能决策的成本主要包括窖藏成本、环境成本、缺货成本和退出成本,其中,影响产能扩张数量的是单位窖藏成本和环境成本。显然,为了激励厂商扩大投资,政府会通过各种手段降低窖藏成本和环境成本。当单位产能的窖藏成本和环境成本降低时,仍以第3章动态规划模型进行求解,所得出的跨期最优产能会高于原最优产能,并且,单位产能的窖藏成本和环境成本越低,所得出的跨期最优产能高出原最优产能的数量越大,由此产生越多的产能自然偏离。由此,地方政府投资激励的动机和能力越强,降低厂商单位产能窖藏成本和环境成本的力度越大,在新的总成本下的跨期最优产能高出原最优产能的数量越大,从而产生的产能自然偏离越多。因此,提出:

假设3a:越强的地方政府投资激励的动机会引发越多的产能自然偏离。

假设3b:越强的地方政府投资激励的能力会引发越多的产能自然偏离。

5.1.2　产能周期偏离

产能周期偏离指仅由需求冲击引发的产能偏离。如前所述,煤炭厂商需要基于未来 5～10 年煤炭需求量预期做出当前产能决策。厂商往往基于历史和当期情况来预测未来需求量,当需求量处于增长状态时,厂商会对未来行业前景持乐观态度,当需求量处于下降状态时,厂商会对未来行业前景持悲观态度[237]。现有常见的需求量预测方法往往是基于历史数据预测未来需求的[238-241]。当厂商基于这一思路预期未来需求量时,即使仍以窖藏成本、退出成本、缺货成本、环境成本等跨期总成本最小化做出跨期最优产能决策,当出现煤炭需求冲击时,即当煤炭需求量增速变化趋势发生反向转变时,基于原煤炭需求增速的产能决策必将偏离最优产能决策,由此产生产能周期偏离。具体的,当厂商做出产能决策时,煤炭需求呈上升趋势,预测未来 5～10 年煤炭需求量仍呈上升趋势,由此,5～10 年后煤炭行业形成了与预期煤炭需求量相适宜的产能数量。然而,此时煤炭行业出现负向需求冲击,最优产能数量将远远小于实际形成的产能数量,因此,负向的需求冲击将引发正向的产能周期偏离。同理,当煤炭行业出现正向需求冲击时,实际需求量将高于预期需求量,由此,实际所形成的产能数量低于最优产能水平,形成负的产能周期偏离。

此外,第 4 章的实证结果和历史数据也印证了这一观点。由表 4-5 可见,产能周期偏离对价格增量产生显著的负向影响,煤炭产能偏离度每增加 1%,煤炭价格指数增量会降低 −1.982。而价格和需求量呈正相关。由此,可以推理,中国煤炭产能周期偏离度与煤炭需求增速呈负相关,而且,这一观点已由历史数据所验证。由图 4-4 可见,1994—1997 年煤炭需求增速的放缓,产能周期偏离度波动上升;1998—2003 年煤炭需求增速快速攀升,产能周期偏离度持续下降;2004—2005 年煤炭需求呈小幅度上升,同期产能周期偏离度呈小幅度下降;2006—2015 年煤炭需求波动下降,同期产能周期偏离度波动上升;2016—2017 年煤炭需求开始回升,同期产能周期偏离度逐年下降。此外,由图 4-4 可知,煤炭产能周期偏离波动滞后于煤炭需求增速波动。

由此,提出:

假设 4:需求冲击对产能周期偏离产生负向影响。

5.1.3　理论框架

综上,本章产能偏离机理研究的理论框架如图 5-1 所示。

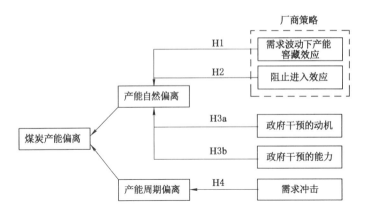

图 5-1　中国煤炭产能偏离机理研究的理论框架

5.2　产能偏离形成机理模型的构建

5.2.1　模型的设定

（1）产能自然偏离

为了检验产能自然偏离是否受到上述厂商策略和政府干预的影响，构建产能自然偏离机理的计量模型，如式（5-1）所示。

$$NCD_t = \alpha_{0,m} + \alpha_{1,m} \cdot VAR_t + \alpha_{2,m} \cdot CR_t + \alpha_{3,m} GOVMO + \alpha_{4,m} GOVAB_t + \xi_{t,m}$$

$$(5-1)$$

式中，NCD_t 表示第 t 年的产能自然偏离；VAR_t 表示第 t 年的需求波动预期，采用滞后七年间的消费量方差的差分来表示，其值越大，说明滞后七年间的需求波动的振幅越大，预期需求波动越大，厂商为了利润最大化，需要维持更多的过剩生产能力应对需求的不确定性[236]；CR_t 表示第 t 年的市场集中度，反映厂商阻止新厂商进入的动机，采用前四家企业的产量占总产量的比值（$CR_{4,t}$）来测度；$GOVMO_t$ 表示地方政府投资激励的动机，其代理变量选用第 t 年煤炭工业的GDP 贡献率（$GOVMO\_GDP_t$）和就业贡献率（$GOVMO\_EMP_t$），分别以行业工业总产值占 GDP 的比例和以行业就业人数占全国就业人数的比例来测度[242-243]。$GOVAB_t$ 表示第 t 年地方政府投资激励的能力，用行业固定资产投资中资金来自国内贷款的占比来测度；$\xi_{t,m}$ 表示随机扰动项。

（2）产能周期偏离

为了检验产能周期偏离度是否受到需求冲击的影响，构建产能周期过剩的形成机理的计量模型,如式(5-2)所示。

$$CCD_t = \beta_{0,m} + \beta_{1,m}GDPR_t + \beta_{2,m}ENST_t + \beta_{3,m}ENINR_t + \beta_{4,m}IS_t +$$
$$\beta_{5,m}CCD_{t-1} + \beta_{6,m}POL_{t-1} + \varepsilon_{t,m} \qquad (5\text{-}2)$$

式中,因变量 CCD_t 表示第 t 年产能周期偏离度,核心解释变量是 $GDPR_t$、$ENST_t$、$ENINR_t$ 和 IS_t,这些变量表示不同的需求冲击。具体的,$GDPR_t$ 表示第 t 年 GDP 增长率,反映正向需求冲击,这是因为 GDP 增长速度越快,煤炭需求越旺盛;$ENST_t$ 表示能源结构,用煤炭消费量占能源消费量的比重来测度,其值越大,煤炭消费总量越高,反映正向需求冲击;$ENINR_t$ 表示能源强度,用能源消费量占 GDP 比重的增速来测度,能源强度越高,说明每单位 GDP 所消耗的能源量越大,煤炭作为主体能源,煤炭消费量也会越大,反映正向的需求冲击。IS_t 表示第二产业增加值占 GDP 比重的增速,反映正向的需求冲击,这是因为大部分煤炭由第二产业所消耗,第二产业的占比越高,在其他条件不变的情况下,煤炭消费量也越高。CCD_{t-1} 是滞后一期的产能周期偏离度,表示产能周期偏离波动的惯性。POL_{t-1} 表示滞后一期的产能政策,把产能政策作为控制变量的原因在于本章采用的产能周期偏离数据可能包含了由产能政策引发的正向和负向产能偏离。本书采用的产能周期偏离度计算方法是:把产能周期偏离度作为需求冲击的代理变量,在控制供给冲击不变的情况下,把从总产能偏离度中分解出引发价格波动的产能偏离度作为周期偏离度。在产能仅受市场机制调节的情况下,由此得出产能周期偏离可以看作仅由需求冲击引发的产能偏离。然而,从中国实际来看,1998 年、2005 年和 2015 年的去产能政策对化解过剩产能发挥了重要作用,改变了供需关系,并引发了价格的上涨。因此,实际产能偏离是受到产能政策影响后的产能偏离,基于此分解出的引发价格波动的产能偏离包括了由产能政策引发的产能偏离。因此,需要引入产能政策作为控制变量,以剥离产能周期偏离中由产能政策引发的部分。产能政策采用滞后期的原因在于排除由产能政策对产能周期偏离度产生的反向因果关系所引发的内生性问题。在产能政策的取值上,基于政策强度、政策内容、政策力度等给产能政策进行赋值,旨在拉动产能扩张的政策赋予正值,旨在去产能的政策赋予负值。$\varepsilon_{t,m}$ 表示随机扰动项。

5.2.2　单位根检验

由于产能自然偏离和周期偏离形成机理模型所涉及的国民生产总值增速、产业结构、能源结构、产能政策等经济序列常常表现出非平稳性,而非平稳序列的回归往往会产生伪回归问题,所以,本书采用 ADF、ERS、PP、KPSS、ERSPO 等五种方法对两个模型所涉及的所有序列进行单位根检验。如表 5-1 所示,产能自然偏离形成机理模型所涉及所有序列的单位根检验结果表明,NCD、

GOVAB、GOVMO_GDP、CR_4 和 VAR_7 序列的水平值都是非平稳的,一阶差分都是平稳的。这说明这五个序列皆为一阶单整。如表 5-2 所示,产能周期偏离形成机理模型所涉及所有序列的单位根检验结果表明,CCD、GDPR、ENST、ENINR 和 POL 序列的水平值都是非平稳的,一阶差分都是平稳的,即这五个序列皆为一阶单整。

表 5-1   产能自然偏离机理模型变量序列的单位根检验

序列名	检验方法					平稳性
	ADF	ERS	PP	KPSS	ERSPO	
NCD	−2.177	−2.009	−2.228	0.128	5.348	非平稳
ΔNCD	−4.504***	−3.749***	−4.504***	0.125***	3.757	平稳
GOVAB	−1.352	−1.457	−1.579	0.088	5.684	非平稳
ΔGOVAB	−4.212***	−4.336***	−4.205***	0.162	2.599**	平稳
GOVMO_GDP	−1.514	−1.485	−1.297	0.415**	5.306	非平稳
ΔGOVMO_GDP	−2.660**	−2.654**	−2.584**	0.162	2.772	平稳
CR_4	−0.081	0.405	−0.036	0.692	130.106	非平稳
$ΔCR_4$	−4.406***	−4.520***	−4.384***	0.070	2.603**	平稳
VAR_7	−1.459	−1.915	−1.868	0.105	20.125	非平稳
$ΔVAR_7$	−4.303**	−4.570***	−2.767	0.080	0.378***	平稳

注:***和**分别表示在 1% 和 5% 显著性水平下显著。Δ 表示一阶差分。若这五种检验的结果不一致,由居多数的检验结果判定平稳性水平。

表 5-2   产能周期偏离机理模型变量序列的单位根检验

序列名	检验方法					平稳性
	ADF	ERS	PP	KPSS	ERSPO	
CCD	−1.727	−1.808	−1.537	0.273	3.245	非平稳
ΔCCD	−3.041***	−2.843***	−3.083***	0.122	4.206	平稳
GDPR	−1.999	−1.578	−1.999	0.221	11.644	非平稳
ΔGDPR	−4.363***	−4.071***	−4.403***	0.121	3.263	平稳

表 5-2(续)

序列名	检验方法					平稳性
	ADF	ERS	PP	KPSS	ERSPO	
ENST	0.588	−0.633	−0.026	0.475**	44.188	非平稳
ΔENST	−1.513	−1.731	−3.705**	0.928***	1.923**	平稳
ENINR	−2.655	−2.890	−1.952	0.116	5.446**	非平稳
ΔENINR	−3.431***	−3.373***	−3.125**	0.093	2.722**	平稳
POL	−0.462	−0.564	−0.462	0.446	12.284	非平稳
ΔPOL	−4.583***	−4.676***	−4.600***	0.228	2.566**	平稳

注:*** 和 ** 分别表示在 1% 和 5% 显著性水平下显著。Δ 表示一阶差分。若这五种检验的结果不一致,由居多数的检验结果判定平稳性水平。

5.2.3　协整检验

由于这两个模型所涉及的所有序列都是一阶单整,所以可以进行协整检验。为了协整检验,首先分别构建由 NCD、GOVAB、GOVMO_GDP、CR_4、VAR_7 序列组成的 VAR 模型和由 CCD、GDPR、ENST、ENINR、POL 序列组成的 VAR 模型。然后,基于 LL、LR、FPE、AIC、HQIC 和 SBIC 等准则检验最优的滞后阶数,检验结果表明这两个模型的最优滞后阶数皆为滞后 1 阶。之后,利用 Johansen 检验这两个 VAR(1) 模型是否存在协整关系。如表 5-3 所示,检验结果表明产能自然偏离机理模型存在协整关系。其中,根据特征根迹检验,该模型存在三个协整关系,而根据最大特征根值检验,该模型存在两个协整关系。如表 5-4 所示,检验结果表明产能周期偏离机理模型存在协整关系。其中,根据特征根迹检验,该模型存在三个协整关系,而根据最大特征根值检验,该模型存在两个协整关系。

表 5-3　产能自然偏离机理模型的协整检验

最大协整向量个数的零假设	特征值	迹统计量	5%显著性水平的临界值	最大特征值统计量	5%显著性水平的临界值
0	0.885	125.437**	88.804	45.344**	38.331
1	0.800	80.094**	63.876	33.754**	32.118
2	0.675	46.339**	42.915	23.585	25.823
3	0.436	22.754	12.518	16.461	19.387

注:** 表示在 5% 显著性水平下显著。

表 5-4　产能周期偏离机理模型的协整检验

最大协整向量 个数的零假设	特征值	迹统计量	5%显著性水 平的临界值	最大特征值 统计量	5%显著性水平 的临界值
0	0.943 3	139.640＊＊	88.804	54.513＊＊	38.331
1	0.863	85.127＊＊	63.876	37.804＊＊	32.118
2	0.740	47.323＊＊	42.915	25.576	25.823
3	0.478	21.747	25.872	12.353	19.387

注:＊＊表示在 5%显著性水平下显著。

5.3　产能偏离形成机理模型的样本和数据

自 1994 年起,中国取消了对煤炭价格的控制,所有煤炭的价格皆由市场决定,市场机制开始对煤炭产能发挥主要调节作用,因此,选取 1994—2017 年的样本,变量的数据来源如表 5-5 所示。被解释变量和主要解释变量的描述性统计量如表 5-6 所示。

表 5-5　变量数据来源

变量	含义	数据来源
NCD	产能自然偏离度	本书表 4-6
VAR_7	需求波动	由滞后七年的煤炭消费量计算而得,煤炭消费量数据来自国家统计局网站
CR_4	市场集中度	前四家煤炭产量数据和全国煤炭产能数据来自《中国煤炭工业年鉴》和中国煤炭工业协会网站
GOVMO_GDP	煤炭工业 GDP 贡献率	由煤炭工业总产值与 GDP 的比值计算而得。煤炭工业总产值和 GDP 数据来自《中国工业统计年鉴》和国家统计局网站
GOVMO_EMP	煤炭工业就业贡献率	由煤炭工业就业人数与全国就业人数的比值计算而得。两者的数据来自《中国工业统计年鉴》和国家统计局网站
GOVAB	政府干预能力	固定资产投资中国内贷款金额和固定资产投资总额数据来自《中国固定资产投资统计年鉴》和国家统计局网站
CCD	周期偏离度	本书表 4-6
GDPR	GDP 增长率	国家统计局网站

表 5-5(续)

变量	含义	数据来源
ENST	能源结构	煤炭消费量占能源消费量比重数据来自《中国能源统计年鉴》
ENINR	能源强度	由能源消费量与 GDP 的比值计算而得,两者的数据来自国家统计局网站
IS	产业结构	第二产业增加值占 GDP 的比重数据来自国家统计局网站
POL	产能政策	基于政策强度、政策内容、政策力度等给产能政策进行赋值,旨在拉动产能扩张的政策赋予正值,旨在去产能的政策赋予负值

表 5-6　主要变量的描述性统计量

变量		样本数	均值	标准差	最小值	最大值
产能自然偏离模型	NCD	24	10.394	2.515	6.386	16.361
	VAR_7	24	0.123	5.710	-10.486	11.853
	CR_4	24	17.048	6.868	6.300	27.230
	GOVMO_GDP	24	3.089	1.530	1.253	5.927
	GOVMO_EMP	24	0.640	0.120	0.446	0.894
	GOVAB	24	17.848	8.358	8.781	36.120
产能周期偏离模型	CCD	24	-8.037	15.828	-34.240	22.568
	GDPR	24	9.400	2.007	6.700	14.200
	ENST	24	69.533	3.685	60.400	75.000
	ENINR	24	-3.214	3.525	-7.939	6.126

5.4　产能偏离形成机理模型的实证结果与分析

5.4.1　产能自然偏离

　　为了避免序列相关,采用广义最小二乘法估算产能自然偏离形成机理模型[式(5-1)],参数估算如表 5-7 中方程(1)和(2)所示。这两个方程的 R^2 都大于 0.80,F 值皆大于 10,说明包含需求波动下产能窖藏效应和阻止效应在内的厂商策略和政府干预可以很好地解释产能自然偏离的形成机理。

表 5-7　参数估算结果

方程	(1)	(2)	(3)	(4)	(5)
被解释变量	NCD_t	NCD_t	CCD_t	CCD_t	CCD_t
$VAR_{7,t-2}$	0.157*** (0.046)	0.254*** (0.046)			
$CR_{4,t}$	0.475*** (0.072)	0.594*** (0.091)			
$GOVMO\_GDP_t$	1.174*** (0.245)				
$GOVMO\_EMP_t$		1.078*** (0.366)			
$GOVAB_t$	0.473*** (0.062)	0.425*** (0.077)			
CCD_{t-2}			0.380** (0.174)	0.358** (0.201)	1.077*** (0.191)
$GDPR_{t-2}$			−1.670* (0.920)	−1.844* (1.028)	
$ENINR_t$			−1.447** (0.550)	−1.420** (0.580)	−2.463*** (0.679)
POL_{t-1}			0.958*** (0.276)	0.910** (0.308)	1.343*** (0.341)
IS_{t-2}				1.134 (2.099)	
$ENST_{t-2}$					−3.907** (1.472)
常数项	−10.325*** (2.325)	−14.152*** (3.947)	14.241 2 (17.521)	−37.169 (98.071)	277.291** (14.318)
R^2	0.906	0.847	0.586	0.597	0.808
F	33.891	19.420	5.651	4.145	15.790

注:括号内值是标准误;***、**、*分别表示在1%、5%和10%显著性水平下显著。

从需求波动下产能窖藏效应来看,在这两个方程中,需求波动都显著地正向影响产能自然偏离,说明预期需求波动越大,厂商会维持更多的超额产能应对未来不确定性的需求波动,从而引发正向的产能自然偏离,支持了假设1。具体的,需求波动增量的系数在 0.157~0.254 区间,说明需求波动增量每增加 1 个单位,会增加 0.157~0.254 个单位的产能自然偏离度。20 世纪 90 年代以来,中国煤炭工业经历了两轮经济周期,可以测算,第一轮(1990—2002 年)和第二轮(2003—2017 年)的煤炭消费量的方差分别为 1.35 和 70.62,而两轮经济周期中各年度消费量与均值的差占各年度消费量的比重的平方和的测算结果分别是 0.13 和 1.48,这说明第二轮需求波动的总量和比例明显高于第一轮,煤炭消费量波动的总量效应和比例效应共同引发中国煤炭厂商维持越来越多的超额产能以避免因供应不足损失的销售收益。

从阻止效应来看,在这两个方程中,集中度都显著正向地影响产能自然偏离,说明随着中国煤炭市场向寡占型市场的转变,中国煤炭厂商有更强的意愿通过维持更多的超额产能来防止新厂商进入,由此引发整个行业的产能自然偏离,支持了假设 2。集中度的系数在 0.475~0.594 区间,说明前四家煤炭厂商的市场份额占比每增加 1 个单位,会引发产能自然偏离度上升 0.475~0.594 个单位。自 1998 年起,国家关闭了大量的小煤矿,并稳步推进大型煤炭基地建设,这导致中国煤炭行业的市场集中度呈上升趋势,CR_4 由 1998 年的 7.270% 上升到 2017 年的 27.230%,市场结构由分散式竞争型向低集中竞争型转变,目前已经具备向寡占型转变的特征,这引发了在位的煤炭厂商有更强烈的意愿维持更多超额产能以阻止新厂商的进入,由此带来更多的产能自然偏离。

从地方政府投资激励来看,在动机方面,由方程(1)和(2)可见,表示地方政府对厂商投资激励意愿的煤炭工业的 GDP 贡献率和就业贡献率皆显著地正向影响产能自然偏离度,这说明地方政府激励煤炭产业投资的意愿越强烈,会引发越多的产能自然偏离,由此支持了假设 3a。此外,在地方政府投资激励的能力上,由方程(1)和(2)可见,地方政府投资激励能力显著地正向影响产能自然偏离度,说明地方政府投资激励能力越强,引发越多的正向产能自然偏离,支持了假设 3b。自 2012 年起煤炭工业的 GDP 贡献率由增转减,依据《能源发展"十三五"规划》要求,2020 年中国煤炭消费占能源消费的比例需由 2015 年的 64% 下降至 58% 以下[221],这一目标的实现意味着煤炭工业的 GDP 贡献率会进一步下降。基于本书研究结果,即使以 GDP 为核心的政绩考核制度不变,在未来几年,政府激励煤炭工业投资的意愿也会因 GDP 贡献率的减少而减弱,这对化解产能自然偏离发挥重要作用。

5.4.2　产能周期偏离

为了避免序列相关,采用广义最小二乘法估算产能周期偏离形成机理模型[式(5-2)],其参数估算如表 5-7 中方程(3)(4)和(5)所示。由方程(3)和(4)可知,代表需求冲击的 GDP 增速和产业结构都未通过 0.05 显著性下水平的 t 检验。在方程(5)中,剔除了 GDP 增速和产业结构变量,发现代表煤炭需求冲击的能源强度和能源结构都显著地影响了产能周期偏离,且方程(5)的拟合优度大于 0.80,F 值大于 10,说明需求冲击很好地解释了周期偏离的形成机理,支持了假设 4。

GDP 增速作为经济周期的代理变量,GDP 增速的提升代表经济的复苏和繁荣,社会各部门需求的提升会引发对基础能源部门即煤炭行业更多的需求,因此 GDP 增速的增加应作为正向的煤炭需求冲击,表 5-7 中方程(3)和(4)的滞后三期 GDP 增速仅通过了 0.1 显著性水平下的 t 检验,说明 GDP 增速作为正向的煤炭需求冲击会对产能周期偏离产生一定程度上滞后的负向效应。

能源强度用于衡量单位 GDP 的能源消耗量,能源强度越高说明单位 GDP 消耗的能源越多。煤炭作为中国主体能源,在其他条件不变的情况下,能源强度越高,会带来越多的煤炭消耗量。因此,能源强度增速的增加应作为正向的煤炭需求冲击,表 5-7 中方程(3)(4)和(5)的能源强度增速都显著地负向影响产能周期偏离,说明正向的需求冲击对产能周期偏离产生了显著的负向效应,支持了假设 4。能源强度增速的系数在 $-2.463 \sim -1.420$ 区间内,说明能源强度每增加 1 个百分点,会拉动产能周期偏离度下降 $1.420 \sim 2.463$ 个单位。随着技术的进步和环境约束,近年来中国能源强度一直呈负增长。根据国务院《"十三五"节能减排综合工作方案》的通知,到 2020 年,全国万元国内生产总值能耗比 2015 年下降 15%[219]。可以预见,在未来几年里,作为负向的需求冲击,能源强度的下降会拉动产能周期偏离的不断提升,在其他条件不变的情况下,会加大中国煤炭产能过剩的风险。

由表 5-7 中方程(5)可见,产能周期偏离还受到能源结构显著的负向影响。本模型中的能源结构采用煤炭消费量占能源消费量的比重来测度,能源结构的值越高,单位能耗中煤炭消耗量也就越大。因此,能源结构作为正向的需求冲击,其值的增加会压低产能周期偏离,在其他条件不变的情况下,这会推动中国煤炭向产能不足的方向发展。滞后两期的能源结构的系数为 -3.907,说明当期能源结构每增加 1 个百分点,会拉动未来两年的产能周期偏离度下降 3.907 个单位。自 2012 年起,煤炭消费量占能源消费量的比重持续下降。根据《能源发展"十三五"规划》的目标,到 2020 年全国煤炭占能源消费总量比重进一步下降到 58%以下[221]。可以预见,在未来几年里,能源结构的下降作为负向的需求冲击,会拉动产能周期偏离不断提升,在其他条件不变的情况下,推动中国煤炭向产能过剩的方向发展。

表 5-7 的方程(3)(4)和(5)的参数估算结果表明,滞后一期的产能政策对周

期偏离度的显著正向影响,支持了本书采用的周期偏离度的数据是受到产能政策的影响后的数据的观点,这也说明了在纯粹市场机制调控下,取消原本实施去产能政策,中国煤炭市场会存在更高的周期偏离度,由此可见,中国 2015 年以来所实施的去产能政策对产能过剩的化解发挥了重要作用。

5.5　稳健性检验

为了检验实证结论的可靠性,对产能自然偏离和周期偏离形成机理模型进行稳健性分析,所采用的稳健性检验方法主要包括置换不同的代理变量法和内生性检验法。

（1）产能自然偏离形成机理模型稳健性检验

置换自然偏离形成机理模型中需求波动、市场集中度等变量的代理变量,以检验产能自然偏离形成机理模型的实证结论的可靠性。在原模型中,选用滞后七年的煤炭消费量的方差（$VAR_{7,t-2}$）来测度厂商需求波动的预期,如表 5-8 中方程（1）和（4）所示。其实,理性厂商也可能基于滞后六年的消费量波动情况作为未来需求波动的预期,因此,采用滞后六期的煤炭消费量的方差（$VAR_{6,t-2}$）重新测度需求波动,并以此重新回归,结果如表 5-8 中的方程（2）和（5）所示。可以看出,无论是方程（1）和（2）还是方程（4）和（5）的各个变量的系数的显著性水平和符号都未改变,系数数值大小也基本没变,以滞后六期的煤炭消费量的方差测度的需求波动依然显著正向地影响自然偏离度,与前文的结果保持一致。这说明,产能自然偏离形成机理模型参数是稳健的。

表 5-8　产能自然偏离形成机理模型的稳健性检验

方程	（1）	（2）	（3）	（4）	（5）	（6）
被解释变量	NCD_t	NCD_t	NCD_t	NCD_t	NCD_t	NCD_t
$VAR_{7,t-2}$	0.157*** (0.046)		0.184*** (0.051)	0.254*** (0.046)		0.289*** (0.051)
$VAR_{6,t-2}$		0.106** (0.045)			0.202*** (0.060)	
$CR_{4,t}$	0.475*** (0.072)	0.430*** (0.078)		0.594*** (0.091)	0.563*** (0.120)	
$CR_{8,t}$		0.323*** (0.052)				0.403*** (0.065)

表 5-8(续)

方程	(1)	(2)	(3)	(4)	(5)	(6)
$GOVMO\_GDP_t$	1.174***	1.523***	1.155***			
	(0.245)	(0.222)	(0.258)			
$GOVMO\_EMP_t$				1.078***	1.658***	1.024***
				(0.366)	(0.445)	(0.379)
GOVAB	0.473***	0.491***	0.438***	0.425***	0.420***	0.381***
	(0.062)	(0.071)	(0.062)	(0.077)	(0.102)	(0.074)
常数项	−10.325***	−10.963**	−9.715***	−14.152***	−16.894***	−13.114***
	(2.325)	(2.675)	(2.385)	(3.947)	(5.273)	(3.998)
R^2	0.906	0.878	0.897	0.847	0.734	0.836
F	33.891	25.293	30.517	19.420	9.666	17.772

注:括号内值是标准误;***和**分别表示在1%和5%显著性水平下显著。

此外,集中度变量原选用前四家煤炭厂商的产量占总原煤产量的比重($CR_{4,t}$)测度,现采用前八家煤炭厂商的产量占总原煤产量的比重($CR_{8,t}$)重新测度,并以此重新回归,回归结果如表5-8中的方程(3)和(6)所示。可以看出,无论是方程(1)和(3)还是方程(4)和(6)的各个变量的系数的显著性水平和符号都未改变,系数数值大小也基本没变,以前八家煤炭厂商的产量占总原煤产量的比重依然显著正向地影响自然偏离度,与前文的结果保持一致。

(2)产能周期偏离形成机理模型稳健性检验

变量的内生性会导致估计结果有偏和非一致。在原模型的解释变量中,一种担忧是,产能政策作为控制变量以剥离周期偏离度中由产能政策引发的产能偏离度的波动,以还原不受产能政策影响的周期偏离度,但产能政策很可能是由周期过剩引发的,即产能政策与周期偏离度可能存在反向因果关系,从而引发产能政策的内生性问题。为此,原模型尝试通过选用滞后一期产能政策以排除这种反响因果关系的可能。在表5-9中的方程(1)中,以产能政策为被解释变量,以产能周期偏离度作为解释变量,结果表明当期的产能政策受到当期的产能周期偏离的显著影响,即当期的产能政策与当期的产能偏离度确实存在反向因果关系。在表5-9中的方程(2)中,以滞后一期产能政策为被解释变量,以当期产能周期偏离度作为解释变量,结果表明滞后一期的产能政策不再受到当期的产能周期偏离的显著影响。这说明原模型通过选用滞后一期产能政策,已排除了这种反向因果关系的可能。

表 5-9　产能周期偏离形成机理模型的稳健性检验

方程	(1)	(2)	(3)	(4)	(5)
被解释变量	POL	POL_{t-1}	CCD_t	$CCD_{2,t-1}$	$CCD_{3,t-1}$
POL_{t-1}	1.249*** (0.054)		1.343*** (0.341)	0.769*** (0.242)	
POL_{t-2}		1.317*** (0.082)			0.785** (0.282)
CCD_t	−0.104*** (0.040)	−0.064 (0.044)			
CCD_{t-2}			1.077*** (0.191)		
$ENINR_t$			−2.463*** (0.679)	−1.530*** (0.485)	−1.393** (0.502)
$ENST_{t-2}$			−3.907** (1.472)	−2.811** (1.082)	−1.904** (0.956)
$CCD_{2,t-1}$				1.088*** (0.131)	
$CCD_{3,t-1}$					0.964*** (0.114)
常数项	−0.428 (−0.24)	0.020 (0.01)	277.291** (14.318)	200.045*** (78.472)	132.635*** (68.548)
R^2	0.966 8	0.971 1	0.808 0	0.909 0	0.899 0
F	101.787 1	117.422 9	15.790 0	37.253 0	33.434 0

注:括号内值是标准误;***和**分别表示在 1% 和 5% 显著性水平下显著。

置换产能周期偏离形成机理模型中产能周期偏离度的代理变量,以检验产能周期偏离形成机理模型的实证结论的可靠性。在原模型中,产能周期偏离度的代理变量采用基于产能自然偏离时变假设下的产能周期偏离度。基于本书第 4 章表 4-4 中模型 2 和 3 中不变的产能自然偏离度的测算结果,可以计算出相应的产能周期偏离度 $CCD_{2,t-1}$ 和 $CCD_{3,t-1}$。现分别采用 $CCD_{2,t-1}$ 和 $CCD_{3,t-1}$ 对产能周期偏离度重新测度,并以此重新回归,回归结果如表 5-9 中的方程(4)和(5)所示。可以看出,方程(4)和(5)与原方程(3)的各个变量的系数的显著性水平和符号都未改变,系数数值大小也基本没变,以 $CCD_{2,t-1}$ 和 $CCD_{3,t-1}$ 测度的产能周期偏离度依然显著地受到等能源强度增速和能源结构增速等煤炭需求冲击的负向影响,与前文的结果保持一致。

第6章 中国煤炭产能偏离调控政策仿真系统的构建与应用

　　第5章已经揭示了实际产能偏离最优产能的关键因素和影响机理。基于第5章的研究结果,本章致力于回答政府应如何设计产能调控政策组合,才能让煤炭产能回归最优产能水平,从而实现资源优化配置。

　　为了实现这一目标,需要回答以下问题:如何判别是否需要产能偏离调控? 调控产能偏离的政策工具有哪些? 哪些政策工具可以调节产能自然偏离,哪些政策工具可以调节产能周期偏离? 这些工具实施对煤炭产能、产能自然偏离和周期偏离产生多少影响,影响路径是怎么样的? 如何综合运用多种政策工具? 哪些政策工具组合会产生协同效应,哪些政策组合会产生挤出效应?

　　为了系统回答上述问题,本章沿着"产能偏离调控政策仿真(CCCDRS)系统的构建—多维度政策效果的仿真分析—政策方案设计的步骤—政策方案设计的案例"这一研究路径,首先,为了模拟产能调控的系统响应结果,基于第5章揭示的中国煤炭产能偏离机理,构建中国煤炭产能偏离调控政策仿真系统;然后,基于产能调控政策仿真系统,多维度仿真分析单一政策工具和多个政策工具的调控效果,并在此基础上,提出政策方案设计的详细步骤;最后,基于政策方案设计的步骤,给出政策方案设计的案例。

6.1 CCCDRS 系统的构建

6.1.1 模型选择及建模过程

　　(1) 模型选择

　　构建煤炭产能偏离调控政策仿真系统的总目的在于仿真产能调控的系统响应结果,为调控未来产能偏离的政策设计提供重要支持。为了实现这个总目的,根据中国煤炭产能系统的特征和政策仿真的有效性,选择系统动力学模型构建中国煤炭产能仿真系统,具体原因如下:

① 系统动力学模型可以很好地揭示 CCCDRS 系统的动态性和非线性。煤炭产能形成的周期较长,未来煤炭市场预期—产能决策—固定资产投资—产能建成等煤炭产能形成的各个环节都存在时间的延迟,特别是从固定资产投资到新建固定资产的完成一般长达 4～10 年,煤炭产能形成的时间滞后性决定了煤炭产能和产能偏离对调控政策的响应亦具有显著地动态性特征。而系统动力学模型可以调用各种延迟函数,很好地仿真出煤炭产能形成的各个阶段的延迟,从而仿真出产能偏离对调控政策响应的动态性特征[244-245]。此外,煤炭产能与各个影响因素之间以及各个影响因素之间的关系复杂,简化的线性关系难以准确地刻画这些关系,甚至会掩盖这些因素的真实关系。而系统动力学模型可以引入煤炭产能与各个影响因素之间以及各个影响因素之间的非线性函数,从而更细致地刻画它们之间的关系,提升仿真结果的精度[246-247]。

② 系统动力学模型可以刻画出中国煤炭产能偏离调控政策系统的多重反馈机制。中国煤炭产能与其影响因素的关系并不是单向的因果关系,产能还会反过来影响这些因素。例如,价格的增加经由预期利润的提升,促使产能扩张,而产能扩张经由供给量增加又降低价格。又如,地方政府的产能投资激励对促进产能扩张,经由煤炭工业产值的增加促进了地方政府的税收,而税收的增加进一步为地方政府的产能投资提供资金支持。由此可见,产能和其影响因素之间相互影响,且有时两者呈现相互增强的作用,有时呈现自行调节的关系,若仿真模型忽视这些关系,可能会产生于背离实际情况的仿真结果。而系统动力学模型恰恰擅长揭示系统内部的多重反馈机制,可以仿真出煤炭产能偏离调控系统中增强型、调节型等多种反馈关系[248-250]。

③ 系统动力学模型是有效的煤炭产能政策仿真工具。系统动力学模型可以有效模拟政策影响的后果和系统响应的行为,并能够清晰刻画系统演变过程中各因素的行为和发展趋势[251-252]。因而,系统动力学模型被誉为“战略与决策试验室”,已成功应用于企业、城市、地区、国家甚至世界规模的战略,亦被广泛应用在能源领域[253-255]。在煤炭产能政策仿真时,系统动力学模型也被认为是模拟复杂煤炭产能系统动态发展过程的有效方法[256]。在市场经济环境下,煤炭产能调控的政策措施往往很难直接影响产能的扩张和收缩。这些产能调控工具一般会通过一系列的传导机制影响煤炭市场的供需、煤企的生产成本,并经由煤企的产能决策最终影响煤炭产能总量。而系统动力学模型正是模拟分析政策传导机制和政策效果的有力工具。

（2）建模过程

基于系统动力学模型的建模范式,沿着以下四大环节构建 CCCDRS 系统,如图 6-1 所示。① 系统分析。在模型构建之前,先对研究的系统进行分析,首先明确建模的目的和研究的问题,然后基于此确定系统的边界,并识别这一系统中的关键因素和关键因素之间的关系,由此完成系统结构分析。② 模型建立。基于系统结构分析,确定系统中的反馈机制,并由此构建因果关系图。在此基础上,确定各变量之间的数理关系,构建系统动力学方程和流图。③ 模型调试。用计算机软件,对模型试运行,若未通过有效性检验,对模型进行调整,返回系统分析和模型建立环节,若模型通过检验,则进入模型应用环节。④ 模型应用。设计单一和组合的政策情景,通过运行模型,多维度获取系统对政策的反馈结果。通过比较不同政策情景的仿真结果,设计政策组合方案。

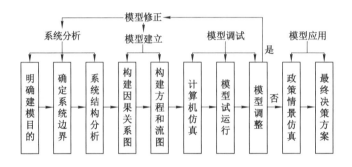

图 6-1　系统动力学模型的建模过程

6.1.2　模型的基本假设与边界、时限设定

(1) 基本假设

鉴于中国煤炭产能问题的复杂性特征,为了简化模型,提出 CCCDRS 系统模型的基本假设:

① 假设煤炭供需不受到地缘政治、战争、自然灾害等因素的影响,国际国内环境是稳定的;

② 假设企业为"理性经济人",以利润最大化作为行为目标;

③ 假设国际煤炭市场仅通过煤炭进出口额对国内煤炭市场产生影响,且国内市场并不对国际市场产生影响;

④ 基于在未来 8 年里,煤炭资源和煤炭生产安全对煤炭产能的约束性很小,假设煤炭产能不受到资源约束和生产安全约束。

(2) 模型的边界

系统模型边界的合理划分是系统建模的前提保障,是明确外生变量与内生变量的前期基础[251]。围绕着建模目的,设定 CCCDRS 系统模型的边界。

由于系统建模的总目的在于仿真产能调控的系统响应结果,为调控未来产能偏离的政策设计提供重要支持,所以,CCCDRS 系统的核心在于揭示煤炭产能对影响产能偏离的关键因素的系统反馈机制。根据第 5 章的研究结果,影响产能偏离的关键因素主要包括厂商策略、政府投资干预和煤炭需求冲击。进而,CCCDRS 系统主要反映这三个关键因素与产能之间的反馈机制。

由此,本模型边界设定的标准在于:① 若某一因素影响这三个反馈机制的响应结果,且受这个反馈机制所涉及的因素影响,那么该因素属于系统内部因素。② 若某一因素直接影响这三个反馈机制的响应结果,但又不受这个反馈机制所涉及任何因素影响,那么该因素属于该系统外部因素。③ 若某一因素间接影响这三个反馈机制的响应结果,且不受这个反馈机制所涉及任何因素影响,那么该因素被排除于本模型之外。

(3)模型的时限

基于数据可得性和产能周期的完整性,模型的时限设定为 2003—2025 年。① 数据可得性。从系统变量的历史数据可得性来看,大多变量可得到 1990—2017 年的数据,有些变量仅收集 2003—2017 年的数据。② 产能周期的完整性。根据第 3 章的研究结果,2002—2017 年中国煤炭产能经历了一轮完整的产能周期,2003—2017 年亦包含了产能周期的四个阶段,可近似为一轮产能周期。由于在不同的产能周期阶段,煤炭市场环境、煤企的产能决策行为以及政府的调控模式各异,所以,若 CCCDRS 系统模型涉及的历史年份仅含有煤炭产能周期的某个阶段的话,由此模拟出的煤企产能决策行为以及政府调控模式难以适用于产能周期的其他阶段,从而降低了未来年份产能及产能调控效果仿真的有效性和可信度。

6.1.3　模型因果关系分析

基于第 5 章的研究结果,中国煤炭产能偏离主要源于供给侧的厂商产能决策、政府投资激励以及需求侧的煤炭市场需求冲击。因此,若 CCCDRS 系统包含厂商产能决策子系统、政府投资激励子系统和市场需求冲击子系统。

(1)厂商产能决策子系统

厂商产能决策子系统主要反映在煤企产能决策以及由此引发产能偏离的传导路径。基于第 5 章的研究结果,产能决策所引发的产能偏离主要来自产能窖藏效应、阻止进入效应和投资延迟效应。

① 产能窖藏效应。这一厂商产能策略是指当出现产能过剩时,由于产能退出成本远远高于产能窖藏成本,厂商仍会维持超额产能,而非退出或收缩产能。

这导致产能窖藏成本对煤炭产能的调节作用难以发挥,可以推理,在无政府推动下,过剩产能很可能长期滞留于市场上。因此,本模型不考虑在无政府推动下厂商自行退出产能的行为。

②阻止进入效应。这一厂商产能策略是指煤炭厂商为了阻止新厂商进入,会通过扩大产能的方法提高进入壁垒,由此引发厂商有意愿维持超额产能。根据第5章的实证结果,市场集中度越高,煤炭厂商通过扩大产能的方法阻止新厂商进入的动机越强烈,这是因为存储超额产能需要一定的成本,只有当新厂商的进入显著挤出在位者的市场份额时,厂商宁愿支付超额产能的成本,也要存储超额产能以阻止新厂商的进入。这一厂商产能策略表现为厂商阻止进入效应回路图:

煤炭产能$\xrightarrow{+}$煤炭过剩产能$\xrightarrow{+}$政府淘汰小煤矿政策$\xrightarrow{+}$煤炭市场集中度$\xrightarrow{+}$煤企阻止进入策略$\xrightarrow{+}$煤炭产能。

这是增强型回路,在其他条件不变的情况下,会引发产能不断增大。产能越多会引发越多的过剩产能,面对过剩产能,政府往往优先淘汰小煤矿,这促进煤炭市场集中度不断上升,进而提升厂商采取阻止进入策略的动机,反而进一步促使在位煤企的产能扩张,最终导致实际产能高于最优产能。

③投资延迟效应。投资延迟效应是指在产能形成的过程中,从煤炭工业利润预期到产能投资决策、从产能投资决策到产能建成这两个环节存在时间延迟,这引发市场机制对产能调节的延迟效应,从而导致实际产能偏离最优产能。具体的,投资延迟效应包括固定资产投资延迟效应和劳动力调整延迟效应。其中,劳动力调整的时间延迟相对较短,从利润预期到劳动力调整的过程一般仅需要花费1年左右的时间。而固定资产投资延迟时间相对较长,且因产能扩张的方式不同而导致延迟时间不尽相同。厂商若采取扩建和改建固定资产的方式扩张产能,那么从固定资产投资到固定资产建成一般需要1~3年,而若采取新建固定资产的方式扩张产能,那么从固定资产投资到固定资产建成则需要经过更久的时间,一般为4~10年。由此,这一厂商产能决策表现可为三条固定资产投资延迟回路图和一条劳动力调整延迟回路:

a. 煤炭产能$\xrightarrow{+}$煤炭产量$\xrightarrow{-}$煤炭价格$\xrightarrow{+}$煤炭工业收益$\xrightarrow{+}$煤炭工业利润$\xrightarrow{+}$(延迟)年固定资产投资$\xrightarrow{+}$(延迟)年新建完成的固定资产投资$\xrightarrow{+}$年新增固定资产$\xrightarrow{+}$煤炭工业固定资产总额$\xrightarrow{+}$煤炭产能。

b. 煤炭产能$\xrightarrow{+}$煤炭产量$\xrightarrow{-}$煤炭价格$\xrightarrow{+}$煤炭工业收益$\xrightarrow{+}$煤炭工业利润$\xrightarrow{+}$(延迟)年固定资产投资$\xrightarrow{+}$(延迟)年扩建完成的固定资产投资$\xrightarrow{+}$年新

增固定资产$\xrightarrow{+}$煤炭工业固定资产总额$\xrightarrow{+}$煤炭产能。

　　c. 煤炭产能$\xrightarrow{+}$煤炭产量$\xrightarrow{-}$煤炭价格$\xrightarrow{+}$煤炭工业收益$\xrightarrow{+}$煤炭工业利润$\xrightarrow{+}$(延迟)年固定资产投资$\xrightarrow{+}$(延迟)年改建完成的固定资产投资$\xrightarrow{+}$年新增固定资产$\xrightarrow{+}$煤炭工业固定资产总额$\xrightarrow{+}$煤炭产能。

　　d. 煤炭产能$\xrightarrow{+}$煤炭产量$\xrightarrow{-}$煤炭价格$\xrightarrow{+}$煤炭工业收益$\xrightarrow{+}$煤炭工业利润$\xrightarrow{+}$(延迟)煤炭工业劳动数量$\xrightarrow{+}$煤炭产能。

　　显然,这四条回路皆是带延迟的负反馈回路,在其他条件不变的情况下,投资延迟效应会引发煤炭产能的振荡,从而导致实际产能偏离了最优产能。

　　煤企产能决策因果关系子图见图 6-2。

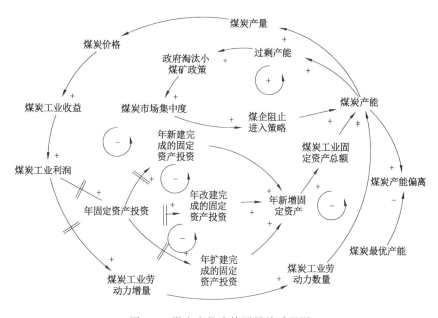

图 6-2　煤企产能决策因果关系子图

（2）政府投资激励子系统

　　根据第 5 章的研究结果,在以 GDP 为核心的政府官员考核机制下,为了追求经济绩效,地方政府有强烈的意愿激励煤企增加固定资产投资,且来自煤炭行业的经济绩效越大,政府投资激励力度越大,最终推动产能的扩张。而金融体系的预算软约束以及土地和环境的模糊产权为地方政府激励厂商投资提供了可能的手段。以 GDP 为核心的政府官员考核机制、金融体系的预算软约束以及土地和环境的模糊产权共同推动地方政府加大投资激励的力度,促进产能不断扩张,进而引发实际产能水平高于最优产能水平。这一传导过程表现为政府投资激励回路:

煤炭产能$\xrightarrow{+}$煤炭产量$\xrightarrow{+}$煤炭工业总产值$\xrightarrow{+}$来自煤炭行业的官员经济绩效$\xrightarrow{+}$政府投资激励力度$\xrightarrow{+}$(延迟)年固定资产投资$\xrightarrow{+}$(延迟)煤炭产能。

这是增强型回路,在其他条件不变的情况下,政府投资激励与煤炭产能相互促进,促使煤炭产能不断增大,从而导致实际产能水平高于最优产能水平,产生产能偏离。

政府投资激励因果图见图6-3。

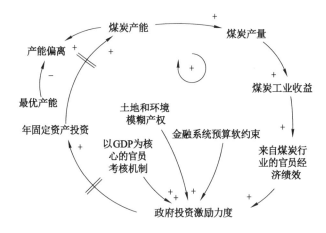

图6-3　政府投资激励因果图

（3）市场需求冲击子系统

理性煤企基于未来利润预期做出当前产能决策,而煤炭需求量预期是利润预期的核心。根据第5章的研究结果,厂商往往基于历史和当期情况来预测未来需求量,由于煤炭产能的建设周期在2~10年,所以以当年建设完成的煤炭产能的产能决策追溯到2~10年前,即煤企往往基于2~10年前的煤炭需求预期产生的产能决策。当煤炭市场出现需求冲击时,即当煤炭需求量增速变化趋势发生反向转变时,当年建设完成、可交付生产的煤炭产能是来自基于2~10年前需求增速情况的产能决策,还有部分固定资产投资基于早些年原产能决策在建设之中,此时实际产能将偏离最优产能,由此产生产能周期偏离。由此可见,需求冲击所引发的产能偏离主要源于产能投资到产能建成的延迟。若煤炭无产能投资到产能建成的时间延迟,煤炭产能可以由市场机制自行调节:当产能较低时,煤炭产量亦会低于煤炭需求,由此推动煤炭价格的提升,煤炭价格的提升会增加厂商利润预期,进而增加煤炭固定资产投资,从而推动产能的增加。面对煤炭市场的需求冲击,当各个环节都不存在延迟的话,产能将会自行瞬时调节,而当各个环节之间存在时间延迟时,产能对需求冲击的响应具有滞后性,将引发产能的大幅波动。这一传导过程表现为市场需求冲击回路:

煤炭产能 $\xrightarrow{+}$ 煤炭产量 $\xrightarrow{-}$ 价格 $\xrightarrow{+}$ 煤炭工业利润 $\xrightarrow{+}$ 年固定资产投资 $\xrightarrow{+}$ (延迟)煤炭产能。

显然,这一回路是带延迟的负反馈回路,在其他条件不变的情况下,需求冲击会引发煤炭产能的振荡。

煤炭市场需求冲击因果图见图 6-4。

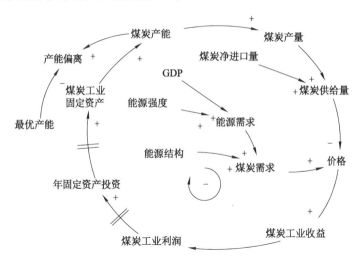

图 6-4　煤炭市场需求冲击因果图

（4）CCCDRS 系统

由上述厂商产能决策子系统、政府投资激励子系统和市场需求冲击子系统的因果关系子图,构建 CCCDRS 系统因果图,如图 6-5 所示。

6.1.4　模型流图及变量关系

（1）SD 模型流图

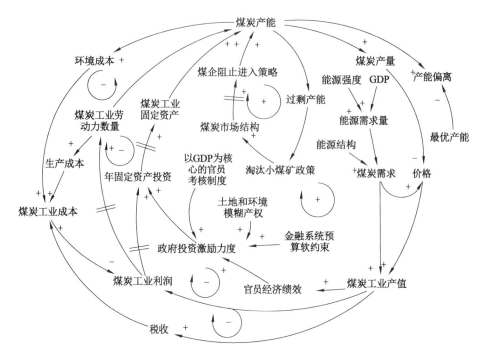

图 6-5　CCCDRS 系统因果图

前文从定性层面描述了煤炭产能偏离系统的影响路径和反馈机制,并由此构建了煤炭产能偏离系统因果图,但还未量化分析各个因素之间的影响程度和反馈效应的大小。为此,在中国煤炭产能偏离系统因果图的基础上,构建煤炭产能偏离系统的系统动力学流图,如图 6-6 所示。该动力学流图主要包括煤炭工业劳动力数量、煤炭固定资产投资总额、GDP 等三个状态变量和年煤炭工业劳动力增量、年新增固定资产投资、年固定资产淘汰量、GDP 增加值等四个速率变量和若干辅助变量。煤炭产能根据第 3 章的边界生产函数、煤炭工业劳动力数量和煤炭固定资产总额计算而得。该动力学流图描述了煤炭产能反馈系统的动态效应,是定量预测未来产能、产能偏离的总量和结构以及设计定量化产能调控政策组合的工具。

（2）SD 模型变量

表 6-1 中列出了 CCCDRS 系统模型所涉及所有变量的变量类型、变量名称、含义、单位和变量性质。

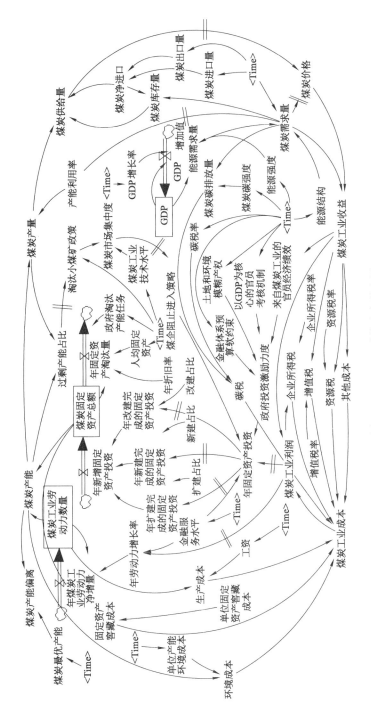

图6-6　CCCDRS系统动力学流图

表 6-1 CCCDRS 系统模型变量设计

变量类型	变量名称	含义	单位	变量性质
状态变量	煤炭工业劳动力数量	煤炭工业年平均就业人数	人	内生变量
	煤炭固定资产投资总额	煤炭工业固定资产年平均余额	万元	内生变量
	GDP	实际国内生产总值	万元	内生变量
速率变量	年煤炭工业劳动力增量	本年与上一年度的年平均就业人数的差额	人	内生变量
	年新增固定资产投资	年新增的建设完成的煤炭工业固定资产数额	万元	内生变量
	年固定资产淘汰量	年淘汰的煤炭工业固定资产数额	万元	内生变量
	GDP 增加值	年 GDP 增加值	万元	内生变量
辅助变量	煤炭产能	煤炭工业边界产能	万吨	内生变量
	煤炭产量	年生产原煤的数量	万吨	内生变量
	煤炭供给	包括煤炭产量、煤炭库存和煤炭净出口在内的煤炭可供给量	万吨	内生变量
	煤炭净进口	煤炭进口额和出口额的差值	万吨	外生变量
	煤炭进口量	进口煤炭的数量	万吨	外生变量
	煤炭出口量	出口煤炭的数量	万吨	外生变量
	煤炭库存	煤炭期末库存与期初库存的差额	万吨	内生变量
	煤炭价格	加权后的全国平均煤价	万元/万吨	内生变量
	煤炭销量	国内煤炭消费量	万吨	外生变量
	煤炭工业收益	年煤炭工业销售收入	万元	内生变量
	煤炭工业利润	煤炭工业税后利润	万元	内生变量
	资源税率	煤炭企业缴纳的资源税率	Dmnl	外生变量
	资源税	煤炭企业缴纳的资源税	万元	内生变量
	增值税率	煤炭企业缴纳的增值税率	Dmnl	外生变量
	增值税	煤炭企业缴纳的增值税	万元	内生变量
	其他成本	煤炭工业除了雇佣人员工资、固定资产折旧、资源税、增值税和其他所得税之外的其他成本	万元	内生变量

表 6-1(续)

变量类型	变量名称	含义	单位	变量性质
辅助变量	政府投资激励力度	地方政府激励煤炭产能投资的力度	Dmnl	内生变量
	年固定资产投资	年煤炭工业固定资产投资金额	万元	内生变量
	年扩建完成的固定资产投资	年通过扩建建成的固定资产数量	万元	内生变量
	年新建完成的固定资产投资	年通过新建建成的固定资产数量	万元	内生变量
	年改建完成的固定资产投资	年通过改建建成的固定资产数量	万元	内生变量
	扩建占比	年扩建完成的固定资产投资占年总建设完成固定资产投资的比例	Dmnl	外生变量
	新建占比	年新建完成的固定资产投资占年总建设完成固定资产投资的比例	Dmnl	外生变量
	改建占比	年改建完成的固定资产投资占年总建设完成固定资产投资的比例	Dmnl	外生变量
	年折旧率	煤炭工业固定资产年平均折旧率	Dmnl	外生变量
	人均固定资产	煤炭工业固定资产年平均余额与煤炭工业年平均就业人数的比值	万元/人	外生变量
	政府淘汰产能任务	政府年度淘汰产能数量	万吨	外生变量
	淘汰小煤矿和兼并重组政策	政府淘汰小煤矿、兼并重组等有利于煤炭市场集中度提高的政策	Dmnl	外生变量
	技术水平	煤炭工业全员效率	吨/工	外生变量
	煤企阻止进入策略	煤炭厂商通过扩大产能增加进入壁垒以阻止新厂商进入的产能策略	Dmnl	内生变量
	生产成本	煤炭工业生产成本,主要包括劳动力工资成本	万元	内生变量
	工资	煤炭工业平均工资	万元/人	外生变量
	环境成本	煤炭产能建设和生产过程中产生的环境成本,主要包括土地破坏成本和土地复垦成本	万元	内生变量

表 6-1(续)

变量类型	变量名称	含义	单位	变量性质
辅助变量	单位产能环境成本	单位产能引发的环境成本	万元/人	外生变量
	单位固定资产窖藏成本	维持固定资产所引发的成本,用年固定资产折旧率来度量	Dmnl	外生变量
	煤炭工业成本	煤炭工业总成本,包括生产成本、固定资产窖藏成本、环境成本、税收和其他成本	万元	内生变量
	GDP 增长率	实际 GDP 增长率	Dmnl	外生变量
	煤炭碳排放量	由煤炭产生的二氧化碳排放量	万吨	内生变量
	煤炭碳强度	单位煤炭消费产生的二氧化碳排放量	吨 CO_2/吨煤	外生变量
	能源强度	每单位 GDP 的能耗	吨标准煤/元	外生变量
	能源需求量	所有能源总消费量	万吨标准煤	内生变量
	碳税率	每单位二氧化碳排放应缴纳的税额	元/吨	外生变量
	碳税	煤炭工业应缴纳的总碳税	万元	内生变量

（3）方程的设定

本书主要采用边界生产函数、延迟函数、利润函数、供需函数等来刻画主要变量间的逻辑关系,构造了 56 个方程,下面阐述主要方程的构建依据并列出方程式。

① 煤炭产能

本书的煤炭产能采用的是边界产能的概念,由第 3 章的边界生产函数以及煤炭工业劳动力和煤炭固定资产总额数据计算而得,方程式如下：

煤炭产能＝EXP(常数项)×煤炭固定资产总额^煤炭固定资产总额对煤炭产能
贡献率×煤炭工业劳动力数量^煤炭工业劳动力数量对煤炭产能贡
献率

② 煤炭固定资产总额

煤炭固定资产总额是本模型的状态变量,年新增固定资产增加煤炭固定资产总额,而年固定资产淘汰量减少煤炭固定资产,由此煤炭固定资产总额的方程式如下：

煤炭固定资产总额＝INTEG(年新增固定资产－年淘汰固定资产,初始值)

③ 新增固定资产投资

新增固定资产投资是新建设完成的固定资产投资。如前所述,煤炭工业从固定资产投资到固定资产建成需要较长周期,且这一周期的长度因固定资产建设的性质而异。通常,新建固定资产投资的建设周期较长,而扩建和改建的固定资产投资的建设周期较短。由此,对不同性质的固定资产建设设置不同的延迟时间,并以新建占比、扩建占比和改建占比作为权重,加权求和得到年新增固定资产投资。由此,年新建、扩建和改建完成的固定资产投资以及年新增固定资产投资的方程式如下:

年新建完成的固定资产投资＝DELAY1I(年固定资产投资×新建占比,新建延迟时间,初始值)

年扩建完成的固定资产投资＝DELAY1I(年固定资产投资×扩建占比,扩建延迟时间,初始值)

年改建完成的固定资产投资＝DELAY1I(年固定资产投资×改建占比,改建延迟时间,初始值)

年新增固定资产投资＝年扩建完成的固定资产投资＋年改建完成的固定资产投资＋年新建完成的固定资产投资

④ 年固定资产淘汰量

年固定资产淘汰量是由自然折旧和人为淘汰量两部分构成。固定资产折旧由固定资产年平均余额与年折旧率的乘积计算而得。而年折旧率由基于式(3-14)计算而得。根据 6.1.3 节的分析,基于产能窖藏效应,理性厂商很少主动退出产能,因而,人为淘汰的固定资产主要考察基于政府淘汰产能任务所退出的固定资产数量。固定资产变动量与产能变动量之间的关系式如式(3-6)所示。由此,年固定资产淘汰量的方程式如下:

年固定资产淘汰量＝煤炭固定资产总额×年折旧率＋(政府淘汰产能任务×人均固定资产^煤炭工业劳动力数量对煤炭产能贡献率/EXP(常数项))^煤炭固定资产总额对煤炭产能贡献率

⑤ 年固定资产投资

年固定资产投资表示每年新产生的煤炭固定资产投资。根据第 5 章的研究结果和 6.1.3 节因果关系分析,煤炭年固定资产投资主要受到厂商产能决策和政府投资激励的双重影响,其中厂商产能决策主要受到煤炭工业利润预期和煤企阻止进入策略的影响。除此之外,由于接近一半的煤炭固定资产投资资金来自国内贷款,国家的金融服务水平亦是影响煤炭固定资产投资的重要因素[257]。由此,年固定资产投资主要考虑煤炭工业利润、煤企阻止进入策略、政府投资激

励力度和金融服务水平等因素的影响,其方程式如下:

年固定资产投资＝EXP(常数项)×DELAY1I(煤炭工业利润,1,初始值)^煤炭工业利润对年固定资产投资的弹性×政府投资激励力度^政府投资激励力度对年固定资产投资的弹性×煤企阻止进入策略^煤企阻止进入策略对年固定资产投资的弹性×金融服务水平^金融服务水平对年固定资产投资的弹性

⑥ 煤炭工业劳动力数量

煤炭工业劳动力数量是本模型的状态变量,当年煤炭工业劳动力数量是由上一年煤炭工业劳动力数量和当年煤炭工业劳动力净增量之和计算而得,其方程式如下:

煤炭工业劳动力数量＝INTEG(年煤炭工业劳动力增量,初始值)

⑦ 年煤炭工业劳动力净增量和增长率

年煤炭工业劳动力净增量由年劳动力增长率与煤炭工业劳动力数量计算而得。年煤炭工业劳动力增长率主要受金融服务水平和煤炭工业利润预期的影响,其中,煤炭工业利润预期由滞后一期的煤炭工业利润增长率来度量,金融服务水平由滞后一期金融服务水平增长率来度量。由此,年煤炭工业劳动力增长率的方程式如下:

年煤炭工业劳动力增长率＝煤炭工业利润预期对年劳动力增长率的影响系数×((DELAY1I(煤炭工业利润,1,初始值)－DELAY1I(煤炭工业利润,2,初始值))/DELAY1I(煤炭工业利润,2,初始值))＋金融服务水平对年劳动力增长率的影响系数×((DELAY1I(金融服务水平,1,初始值)－DELAY1I(金融服务水平,2,初始值))/DELAY1I(金融服务水平,2,初始值))

⑧ 煤炭工业成本

煤炭工业成本主要包括煤炭工业生产成本、煤炭固定资产窖藏成本、煤炭产能退出成本、煤炭工业环境成本、煤炭工业税收和其他成本,其方程式如下:

煤炭工业总成本＝煤炭工业生产成本＋煤炭固定资产窖藏成本＋煤炭产能退出成本＋煤炭工业环境成本＋煤炭工业税收＋其他成本

其中,煤炭工业生产成本主要包括雇佣人员的工资;煤炭固定资产窖藏成本、煤炭产能退出成本和环境成本分别由式(3-13)、式(3-5)和式(3-16)计算而得;煤炭工业税收主要包括增值税、资源税、企业所得税;其他成本是除上述成本以外的其他成本,由其他成本占煤炭工业收益的比例和煤炭工业收益乘积计算

而得。

⑨ 煤炭工业收益

煤炭工业收益用销售收入度量,也可称作主营业务收入,其方程式如下:

$$煤炭工业收益＝煤炭需求量×煤炭价格$$

⑩ 煤炭价格

根据供需理论,煤炭价格主要受供给和需求影响。煤炭需求量和供给量的差额对煤炭价格的形成也发挥了重要作用。此外,这些因素对煤炭价格影响具有滞后效应。煤炭价格的方程式如下:

$$煤炭价格＝EXP(常数项＋煤炭供需差额对煤炭价格的影响系数×DELAY1I$$
$$(煤炭需求量－煤炭供给量,滞后期,初始值))×DELAY1I(煤炭需$$
$$求量,滞后期,初始值)\hat{~}需求价格弹性$$

⑪ 来自煤炭工业的官员经济绩效

现官员考核绩效以 GDP 为核心,煤炭工业所引发的地方政府官员的经济绩效水平的方程式为:

$$来自煤炭工业的官员经济绩效＝煤炭工业收益$$

⑫ 政府投资激励力度

根据韩国高等[258]的研究成果,国家预算内资金占固定资产投资总额的比重是衡量政府投资激励力度的重要指标。此外,在金融体系预算软约束下,地方政府投资激励的手段还包括让国有商业银行给煤企提供大量的银行贷款。因而,固定资产投资中国内贷款的占比也是衡量政府投资激励力度的重要指标。由此,以固定资产投资中国家预算内资金和国内贷款的总和占固定资产投资总额的比重来度量政府投资激励力度。根据第 5 章的研究成果,来自煤炭工业的官员经济绩效越高,政府投资激励的力度越大。以 GDP 为核心的官员考核机制是政府投资激励的动机,经济绩效占总绩效的比重越大则政府对煤企投资激励的动机越强烈。此外,金融体系预算软约束、土地和环境模糊产权作为政府投资激励的手段,若这些手段不存在,政府亦将没有能力对煤企投资激励。对于金融体系预算软约束、土地和环境模糊产权等三个因素,若存在,则赋值为 1,若不存在,则赋值为 0。因此,政府投资激励力度的方程式为:

$$政府投资激励力度＝DELAY1I(来自煤炭工业的官员经济绩效,滞后期,初始$$
$$值)×经济绩效占总绩效的比重×金融体系预算软约束×$$
$$土地和环境模糊产权$$

⑬ 厂商阻止进入效应

基于第 5 章的研究结果,市场集中度越高,厂商通过存储超额产能以阻止新厂商进入的动机越强烈,采用滞后一期的市场集中度来测度厂商阻止进入效应,其方程式为：

$$厂商阻止进入效应＝DELAY1I(市场集中度,1,初始值)$$

⑭ 煤炭市场集中度

基于 Yang 等[259] 的研究结果，煤炭市场集中度采用前八家煤炭企业原煤产量占全国原煤产量的占比度量，且其主要受到了技术水平和产业政策的影响，其方程式为：

$$煤炭市场集中度＝煤炭工业技术水平×技术水平对煤炭市场集中度的影响$$
$$系数＋淘汰小煤矿政策×淘汰小煤矿政策对煤炭市场集中度的$$
$$影响系数$$

（4）数据来源及相关参数的确定

CCCDRS 系统模型的各个变量的数据主要来自《中国统计年鉴》《中国煤炭工业年鉴》《中国工业统计年鉴》《中国固定资产投资统计年鉴》、中国煤炭工业协会网站、国家统计局网站等。为了剥离物价波动的影响，所有涉及价格变量皆以 2017 年价格进行折算。

对于方程的参数设定，主要采用计量经济学方法、算数平均法、表函数法等方法，设定结果如下：

① 计量经济学方法，用于方程中弹性系数和影响系数赋值，其做法是在 Stata 软件支持下，采用计量经济学的方法对方程进行回归以确定参数。以此得出：煤炭固定资产总额对煤炭产能贡献率（0.710 296）、煤炭工业劳动力数量对煤炭产能贡献率（0.656 205）、煤炭工业利润对年固定资产投资的弹性（0.332 120 1）、政府投资激励力度对年固定资产投资的弹性（0.572 492 8）、金融服务水平对年固定资产投资的弹性（$1.232\ 564×10^{-11}$）、煤炭工业利润预期对年劳动力增长率的影响系数（0.139 519 9）、金融服务水平对年劳动力增长率的影响系数（0.087 871 6）、煤炭供需差额对煤炭价格的影响系数（$4.42×10^{-6}$）、煤炭工业技术水平对煤炭市场集中度的影响系数（4.479 17）、淘汰小煤矿政策对煤炭市场集中度的影响系数（0.179 93）、来自煤炭工业的官员经济绩效对政府投资激励力度的弹性（$3.10×10^{-10}$）、需求价格弹性（0.562 8）、煤炭碳强度（1.980 4）等。

② 算数平均法，用于常数变量赋值，其做法是利用历史数据求算数平均值。以此得出：增值税率（0.17）、年折旧率（0.04）、资源税率（0.05）、其他成本占煤炭工业收益比例（0.33）、改建占比（0.388）、扩建占比（0.178）、新建占比（0.433）等。

③ 表函数法，主要用于外生变量赋值，主要包括人均固定资产、单位产能环境成本、煤炭工业技术水平、政府淘汰产能任务、煤炭出口量、煤炭需求量、GDP 增长率、能源结构、能源强度、煤炭库存量和金融服务水平等。

6.1.5 模型的有效性检验

CCCDRS 系统模型有效性检验的基本准则是模型的正确性、适用性以及一致性。基于这一准则,分别检验系统结构的适合性、系统行为的适合性以及模型与现实系统的一致性。

(1)模型结构适合性检验

① 模型边界检验

系统边界测试主要是检验系统中重要的概念和变量是否为内生变量,同时测试系统的行为对系统边界假设的变动是否敏感[260]。换句话说,该测试主要用于检验模型中的变量和反馈回路是否能实现预定的研究目的。

CCCDRS 系统用于仿真各种煤炭市场环境和政府调控下煤炭产能偏离最优产能的情况,为调控未来产能偏离的政策设计提供重要支持,因而本书的重要变量是煤炭产能偏离、煤炭产能以及煤炭产能的关键影响因素,如厂商策略、政府投资激励力度、煤炭需求量等。在 CCCDRS 系统模型中,这些因素皆设置为内生变量,如表 6-1 所示。特别是,根据本书边界产能的概念,煤炭产能基于固定资产和劳动力来测算,作为最终决定煤炭产能的关键因素,煤炭工业固定资产总额和煤炭工业劳动力数量皆设置为水平变量,决定这两个生产要素的所有速率变量亦设定为内生变量,上述煤炭产能影响因素皆通过直接和间接影响这些速率变量,来影响固定资产总额、劳动力数量以及煤炭产能。由此可见,CCCDRS 系统模型的重要变量皆已设置为内生变量。

此外,通过在厂商阻止进入效应回路、固定资产投资延迟回路、劳动力调整延迟回路、政府投资激励回路、需求冲击回路等主要回路中添加和去除某个变量,发现这些回路依然闭合。如在需求冲击回路中,去除煤炭工业利润变量,该回路依然闭合。在此基础上,观察添加和去除某个变量之后对系统的作用规律影响较大的变量,并进一步考虑把其作为外生变量或内生变量。综上,通过检验和分析,CCCDRS 系统模型的内生变量和外生变量设置合理,可以反映煤炭产能与厂商策略、政府投资干预和煤炭市场情况的关系,并良好地仿真出在各种煤炭市场环境和政府调控下煤炭产能偏离情况,因而系统边界设置合理。

② 量纲一致性检验

为了保证方程内部的量纲是统一的,对 CCCDRS 系统模型进行量纲一致性检验。借助 VENISM 软件自带的 Unit check 功能,检验结果表明,该模型的所有变量的量纲未存在不一致的现象。

(2)模型行为适合性检验

模型行为适合性检验用于分析模型参数和结构的敏感性。以增值税率、年折旧率、资源税率和扩建占比为例,分别对其进行敏感性检验。在原值的基础上,上调和下调50%作为这四个参量取值区间的上限和下限,考察这四个参量波动对产能变化趋势的影响。结果发现在这四个参量波动下,产能的变化趋势基本一致,且未呈现出过于敏感或过于不敏感的地方。

(3) 模型一致性检验

CCCDRS 系统模型是对中国煤炭产能系统的现实模拟。为了检验 CCCDRS 系统与实际系统的描述能力和匹配程度,展开真实性检验,对比分析 CCCDRS 系统模型中各个内生变量的仿真值、历史值和相对误差,如表 6-2 所示。目前,这一误差检验尚未有严格的判别标准,在实际研究中,研究者常以实际研究问题设定这一判别标准,且以 10% 或 20% 的误差范围作为判别标准的研究居多[240-263]。考虑 CCCDRS 系统的复杂性和变量的波动性,以 10% 的误差范围作为模型一致性检验的判别标准。检验结果表明,本模型中所有变量在 2003—2017 年间的相对误差皆在 10% 以内,说明本模型对现实煤炭产能系统的拟合度较高,可以作为未来产能调控政策的决策依据。

表 6-2 真实性检验

年份/年	煤炭产能历史值/亿吨	煤炭产能仿真值/亿吨	相对误差/%	煤炭产量历史值/亿吨	煤炭产量仿真值/亿吨	相对误差/%
2003	16.708	16.753	0.269	15.564	15.607	0.276
2004	18.298	17.898	−2.186	18.298	17.898	−2.186
2005	20.551	20.167	−1.869	20.357	19.977	−1.867
2006	25.022	22.917	−8.413	22.265	20.392	−8.412
2007	27.731	26.164	−5.651	24.157	22.792	−5.651
2008	32.383	29.836	−7.865	27.198	25.059	−7.865
2009	37.146	33.505	−9.802	29.843	26.918	−9.801
2010	41.614	37.961	−8.778	34.882	32.267	−7.497
2011	43.366	42.739	−1.446	39.440	36.755	−6.808
2012	48.643	49.341	1.435	41.474	40.459	−2.447
2013	53.015	53.797	1.475	39.473	40.348	2.217
2014	54.187	54.800	1.131	38.535	38.971	1.131
2015	52.433	53.339	1.728	37.311	39.291	5.307
2016	50.731	52.378	3.247	34.100	36.433	6.842
2017	46.367	48.567	4.745	35.200	36.426	3.483

表 6-2(续)

年份/年	煤炭供给量历史值/亿吨	煤炭供给量仿真值/亿吨	相对误差/%	煤炭价格历史值/元	煤炭价格仿真值/元	相对误差/%
2003	14.984	15.027	0.287	531	491	−7.533
2004	17.601	17.201	−2.273	596	633	6.208
2005	20.256	19.876	−1.876	722	698	−3.324
2006	22.713	20.840	−8.246	747	772	3.347
2007	24.795	23.430	−5.505	740	810	9.460
2008	27.608	25.469	−7.748	899	878	−2.336
2009	30.783	27.858	−9.502	922	913	−0.976
2010	35.956	33.341	−7.273	982	938	−4.481
2011	41.099	38.415	−6.531	1027	933	−9.153
2012	43.888	42.873	−2.313	971	950	−2.163
2013	42.231	43.106	2.072	839	844	0.596
2014	40.979	41.415	1.064	732	760	3.825
2015	39.553	41.522	4.978	616	672	9.091
2016	36.566	38.900	6.383	594	646	8.754
2017	37.827	39.053	3.241	749	765	2.136

年份/年	煤炭工业固定资产总额历史值/亿元	煤炭工业固定资产总额仿真值/亿元	相对误差/%	煤炭工业劳动力数量历史值/亿吨	煤炭工业劳动力数量仿真值/亿元	相对误差/%
2003	3 642.938	3 642.940	0	374.500	376.027	0.408
2004	3 826.420	3 695.964	−3.409	407.874	400.401	−1.832
2005	4 251.962	4 226.767	−0.593	434.320	437.847	0.812
2006	5 287.192	4 857.193	−8.133	463.081	469.608	1.409
2007	6 031.375	5 639.951	−6.490	469.650	479.177	2.029
2008	7 154.539	6 456.463	−9.757	494.475	491.002	−0.702
2009	8 514.254	7 742.085	−9.069	504.851	516.378	2.283
2010	9 622.149	8 931.248	−7.180	525.810	520.337	−1.041
2011	10 266.707	10 029.899	−2.307	521.974	523.501	0.293
2012	11 774.873	11 980.504	1.746	536.050	537.578	0.285

表 6-2(续)

年份/年	煤炭工业固定资产总额历史值/亿元	煤炭工业固定资产总额仿真值/亿元	相对误差/%	煤炭工业劳动力数量历史值/亿吨	煤炭工业劳动力数量仿真值/亿元	相对误差/%
2013	13 592.799	13 837.251	1.798	523.208	524.735	0.292
2014	15 019.099	15 212.971	1.291	485.566	497.093	2.374
2015	15 725.299	16 909.755	7.532	439.412	445.939	1.485
2016	16 671.117	17 815.990	6.867	397.110	405.729	2.170
2017	17 509.001	16 822.682	−3.920	346.570	363.427	4.864

年份/年	煤炭工业收益历史值/亿元	煤炭工业收益仿真值/亿元	相对误差/%	煤炭工业成本历史值/亿元	煤炭工业成本仿真值/亿元	相对误差/%
2003	9 504.837	8 792.164	−7.498	7 065.176	6 645.848	−5.935
2004	14 304.900	15 161.330	5.987	8 968.235	9 394.776	4.756
2005	18 270.000	17 457.710	−4.446	12 587.823	12 100.440	−3.872
2006	21 886.550	22 096.220	0.958	14 842.871	14 813.234	−0.200
2007	24 671.170	26 037.950	5.540	16 945.534	17 857.331	5.381
2008	28 244.470	27 659.240	−2.072	21 067.217	20 488.435	−2.747
2009	30 920.240	30 768.420	−0.491	23 600.143	23 108.163	−2.085
2010	32 592.650	30 959.440	−5.011	26 860.825	25 457.750	−5.223
2011	35 653.690	32 547.180	−8.713	30 728.754	28 145.043	−8.408
2012	37 345.150	37 254.780	−0.242	31 234.546	31 298.538	0.205
2013	33 892.050	34 792.900	2.658	29 410.138	30 020.058	2.074
2014	30 465.300	32 412.030	6.390	26 806.901	27 914.058	4.130
2015	25 504.390	27 543.460	7.995	24 454.732	25 924.758	6.011
2016	24 177.900	26 030.650	7.663	22 889.593	24 951.944	9.010
2017	29 881.880	31 396.890	5.070	23 897.496	26 072.336	9.101

年份/年	煤炭市场集中度历史值/%	煤炭市场集中度仿真值/%	相对误差/%	环境成本历史值/亿元	环境成本仿真值/亿元	相对误差/%
2003	22	21	−4.545	625.870	627.583	0.274

表 6-2(续)

年份/年	煤炭市场集中度历史值/%	煤炭市场集中度仿真值/%	相对误差/%	环境成本历史值/亿元	环境成本仿真值/亿元	相对误差/%
2004	22	23	4.545	692.260	677.120	−2.187
2005	23	23	0	966.983	948.926	−1.867
2006	25	25	0	1 458.535	1 335.831	−8.413
2007	26	26	0	2 145.844	2 024.587	−5.651
2008	28	28	0	2 855.993	2 631.394	−7.864
2009	29	30	3.448	3 761.017	3 392.418	−9.801
2010	32	31	−3.125	4 759.958	4 342.176	−8.777
2011	34	32	−5.882	5 621.914	5 540.562	−1.447
2012	36	34	−5.556	6 677.075	6 772.865	1.435
2013	35	36	2.857	7 293.831	7 401.517	1.476
2014	36	37	2.778	7 338.480	7 421.513	1.131
2015	37	38	2.703	7 047.807	7 438.369	5.542
2016	36	39	8.333	6 871.412	7 365.406	7.189
2017	40	43	7.500	6 055.086	6 628.285	9.466

年份/年	煤炭需求量历史值/亿吨	煤炭需求量仿真值/亿吨	相对误差/%	能源需求量历史值/亿吨标煤	能源需求量仿真值/亿吨标煤	相对误差/%
2003	19.369	19.369	0	19.708	19.708	0
2004	22.632	22.611	−0.093	23.028	23.007	−0.091
2005	26.492	26.159	−1.257	26.137	25.808	−1.259
2006	29.036	28.340	−2.397	28.647	27.960	−2.398
2007	31.611	30.448	−3.679	31.144	29.999	−3.676
2008	32.093	32.180	0.271	32.061	32.149	0.274
2009	33.693	33.877	0.546	33.613	33.797	0.547
2010	34.939	34.749	−0.544	36.065	35.869	−0.543
2011	38.038	38.212	0.457	38.704	38.881	0.457

表 6-2(续)

年份/年	煤炭产能历史值/亿吨	煤炭产能仿真值/亿吨	相对误差/%	煤炭产量历史值/亿吨	煤炭产量仿真值/亿吨	相对误差/%
2012	38.564	39.315	1.947	40.214	40.996	1.945
2013	39.339	40.142	2.041	41.691	42.542	2.041
2014	39.105	40.089	2.516	42.581	43.652	2.515
2015	38.338	39.450	2.900	42.991	44.237	2.898
2016	37.828	38.998	3.093	43.582	44.930	3.093
2017	37.967	39.068	2.900	44.900	46.202	2.900

注:所有涉及价格变量皆以 2017 年价格进行折算。

6.2 单一政策工具调控效果的仿真分析

为了多维度考察单一政策工具的调控效果,首先,设置基准情景和调控情景,然后,仿真单一政策的调控效果,最后,从多维度分析仿真结果。

(1) 基准情景和调控情景设置

在基准情景中,无直接的产能干预政策,GDP 增速、能源强度和能源结构等煤炭需求影响因素的基准情景如表 3-1、表 3-2 和表 3-3 所示,CCCDRS 系统中变量之间的关系与历史年份保持一致。对于调控情景,由于 2018—2025 年产能偏离为正值,以设置旨在降低产能偏离的调控情景为例,考察各个政策工具的多维度调控效果的规律。情景设置如表 6-3 所示。

表 6-3　情景设置(2018—2025 年)

政策工具	基准情景	调控情景
煤炭行业增值税率调整	0.17	在基准情景的基础上上调20%
煤炭行业资源税率调整	0.05	在基准情景的基础上上调20%
煤炭行业企业所得税率调整	0.2	在基准情景的基础上上调20%
收取煤炭行业碳税	0 元/吨 CO_2	10 元/吨 CO_2
控制新建煤矿数量	新建占比为 0.433	新建占比下调20%
淘汰落后产能政策	政府淘汰产能任务为 0 万吨	政府淘汰产能任务调整为 5 000 万吨

表 6-3(续)

政策工具	基准情景	调控情景
政府官员晋升考核指标体系改革	官员经济绩效对政府投资激励力度的影响系数为 $3.10 \times^{-10}$	官员经济绩效对政府投资激励力度的影响系数下调 50%
土地和环境产权制度改革	土地和环境模糊产权为 1	土地和环境模糊产权设置为 0
强化财政预算约束	预算软约束为 1	预算软约束设置为 0
GDP 增长率调整	如表 3-1 所示	在基准情景的基础上上调 20%
能源结构调整	如表 3-3 所示	在基准情景的基础上上调 20%

（2）单一政策效果仿真

基于 CCCDRS 系统,在保持其他因素不变的情况下,对每个政策工具的调控情景仿真,各个政策工具的产能调控效果如图 6-7～图 6-17 所示。

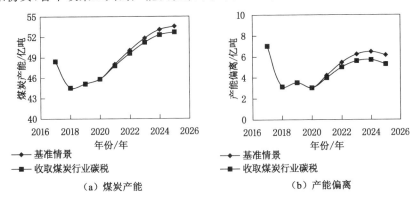

（a）煤炭产能

（b）产能偏离

图 6-7　收取煤炭行业碳税的产能调控效果

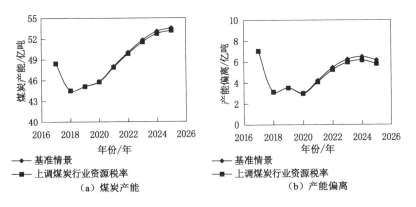

（a）煤炭产能

（b）产能偏离

图 6-8　上调煤炭行业资源税率的产能调控效果

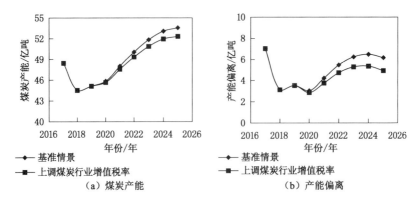

图 6-9　上调煤炭行业增值税率的产能调控效果

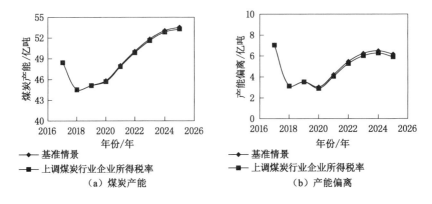

图 6-10　上调煤炭行业企业所得税率的产能调控效果

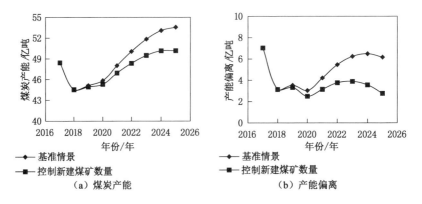

图 6-11　控制新建煤矿数量的产能调控效果

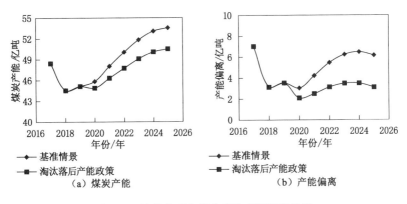

图 6-12　淘汰落后产能政策的产能调控效果

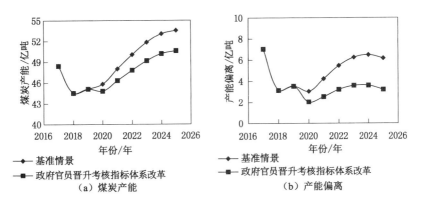

图 6-13　政府官员晋升考核指标体系改革的产能调控效果

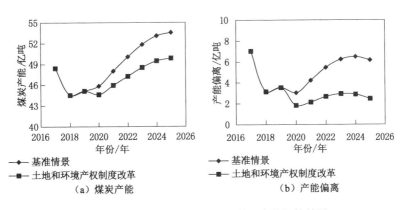

图 6-14　土地和环境产权制度改革的产能调控效果

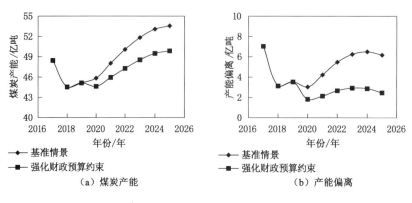

（a）煤炭产能　　　　　　　（b）产能偏离

图 6-15　强化财政预算约束的产能调控效果

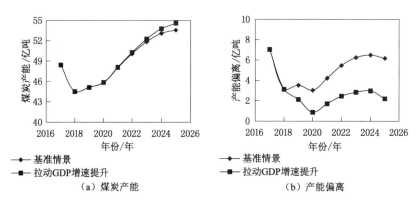

（a）煤炭产能　　　　　　　（b）产能偏离

图 6-16　拉动 GDP 增速提升（GDP 增长率调整）的产能调控效果

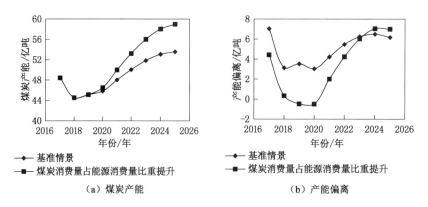

（a）煤炭产能　　　　　　　（b）产能偏离

图 6-17　煤炭消费量占能源消费量比重提升（能源结构调整）的产能调控效果

（3）仿真结果的多维度分析

通过对比分析基准情景和调控情景下的煤炭产能和产能偏离的变动特征，分析各个政策工具的产能调控方向、调控效果的延迟时间、累积效应、传导路径，并把分析结果汇总于表 6-4。

表 6-4　单一政策工具的调控效果

类别	政策工具		产能调控方向	产能偏离变化方向	开始发挥作用的延迟期	完全发挥作用的延迟期	累积效应	传导路径
产能自然偏离管理	煤炭行业增值税率调整	上调	负向	负向	3 年	7 年	增强	税率提升 —(+)→ 煤炭工业成本 —(-)→ 利润 —→（延迟 1 年）年固定资产投资 —(+)→（延迟 1~5 年）煤炭工业固定资产总额 —(+)→（延迟 1 年）煤炭产能 —(+)→ 产能偏离
		下调	正向	正向	3 年	7 年	增强	
	煤炭行业资源税率调整	上调	负向	负向	3 年	7 年	增强	
		下调	正向	正向	3 年	7 年	增强	
	煤炭行业企业所得税率调整	上调	负向	负向	3 年	7 年	增强	
		下调	正向	正向	3 年	7 年	增强	
	收取煤炭行业碳税		负向	负向	3 年	7 年	增强	
	控制新建煤矿数量	提高煤炭市场准入条件	负向	负向	2 年	6 年	增强	新建占比和年固定资产投资 —(+)→（延迟 1~5 年）新建完成的固定资产投资 —(+)→（延迟 1 年）煤炭产能 —(+)→ 产能偏离
		降低煤炭市场准入条件	正向	正向	2 年	6 年	增强	
	去产能	淘汰落后产能政策	负向	负向	1 年	1 年	增强	去产能政策 —(-)→（延迟 1 年）煤炭产能 —(+)→ 产能偏离
		向国外市场转移产能	负向	负向	1 年	1 年	增强	

表 6-4(续)

类别	政策工具		产能调控方向	产能偏离变化方向	开始发挥作用的延迟期	完全发挥作用的延迟期	累积效应	传导路径
产能自然偏离管理	政府官员晋升考核指标体系改革		负向	负向	3年	7年	增强	政府投资激励力度 $\xrightarrow{+}$ (延迟1年)年固定资产投资 $\xrightarrow{+}$ (延迟1~5年)煤炭工业固定资产总额 $\xrightarrow{+}$ (延迟1年)煤炭产能 $\xrightarrow{+}$ 产能偏离
	土地和环境产权制度改革		负向	负向	3年	7年	增强	
	强化财政预算约束		负向	负向	3年	7年	增强	
产能周期偏离管理	GDP增长率调整	提升	正向	负向	3年	3年	增强	煤炭需求量 $\xrightarrow{+}$ (延迟)年固定资产投资 $\xrightarrow{+}$ (延迟)煤炭产能 $\xrightarrow{}$ 产能偏离; 煤炭需求量 $\xrightarrow{+}$ 最优产能 $\xrightarrow{}$ 产能偏离
		下调	负向	正向	3年	3年	增强	
	能源结构调整	CCS技术和清洁煤技术推广	正向	由负转正	0年	0年	减弱	
		加快煤改气和绿电代替火电进程	负向	由正转负	0年	0年	减弱	
	去产能	淘汰落后产能政策	负向	负向	1年	1年	增强	去产能政策 $\xrightarrow{-}$ (延迟1年)煤炭产能 $\xrightarrow{}$ 产能偏离
		向国外市场转移产能	负向	负向	1年	1年	增强	

注:开始发挥作用的延迟期和完全发挥作用的延迟期分别是指从政策开始实施到开始产生产能偏离管理效果的时间以及全面呈现其调控效果的时间。产能偏离水平有正值和负值,负向和正向影响是指产能偏离水平的数值的增加和减少。

① 调控方向

若在调控情景下的煤炭产能低于基准情景下的煤炭产能,那么该政策对产能偏离的调控方向为负向,反之,为正向。同理,若在调控情景下的产能偏离水平低于基准情景下的产能偏离水平,那么该政策对产能偏离的调控方向为负向,反之,为正向。本书的调控情景皆旨在降低产能偏离水平,可以推理,若各个政策工具采取相反的调控方向的话,这些政策将对煤炭产能和产能偏离产生反向的调控作用。由此,表 6-4 汇总了每个政策工具双向的调控方向,从而为提升和降低煤炭产能和产能偏离的调控政策设计提供决策参考。

② 延迟时间

时间延迟是煤炭产能系统的重要特征。在 CCCDRS 系统中,从煤炭工业利润到年固定资产投资、从煤炭工业固定资产投资总额到煤炭产能各经历 1 年的时间延迟。从固定资产投资到固定资产的建设完成经历 1～5 年的时间延迟,其中,扩建和改建完成的固定资产会经历 1 年的延迟,而新建完成的固定资产会经历 5 年的延迟。进一步,定义开始发挥作用的延迟期和完全发挥作用的延迟期两个概念,分别是指从政策开始实施到开始产生产能偏离管理效果的时间以及全面呈现其调控效果的时间。若一个政策实施经历了上述三个环节的延迟,那么,其开始发挥作用的延迟期和完全发挥作用的延迟期分别为 3 年和 7 年。

③ 累积效应

为了考察政策效果的短期效应和长期效应,把考察时间划分为 2018—2019年、2020—2021 年、2022—2023 年和 2024—2025 年四个时间段,比较各个调控政策在这四个时间段内的累积政策效果,即调控情景下的产能偏离比基准情景下产能偏离的减少量的四个两年累积值,如图 6-18 所示。在这四个时间段里,若政策的累积效果逐渐增强,说明该政策的短期效果好于长期效果,反之,长期效果好于短期效果。

从图 6-18 中 11 个政策工具的累积效应来看,除能源结构提升外,其他政策的累积效应皆随着时间的推移而不断增加。这说明以提升能源结构来刺激煤炭需求的政策,在政策实施的前 4 年,通过增加煤炭需求量减少了产能偏离,在政策实施 4 年后,该政策由于还会引发煤炭产能的扩张,所以对产能偏离的调控效果不断减弱,在政策实施的 6 年后,随着煤炭产能的持续扩张,该政策会引发更多的产能偏离。由此,以提升能源结构来刺激煤炭需求的政策仅在短期具有良好的降低产能偏离的效果。对于其他产能政策,在政策实施的前 6 年里,政策效果大幅增强,在第 7、第 8 年,政策效果的增幅有所放缓。这说明这些政策在短时间内效果未展现出来,在长期会产生更好的政策效果,但在第 6 年之后,政策效果强度会有所放缓。这一政策效果随时间的变化规律可为政策强度设置提供决策支持,也为合理的政策效果预期提供参考依据。

④ 传导路径

通过对比在基准情景和调控情景下 CCCDRS 系统中各个变量的变化情况以及系统流图的箭头指向,可得各个政策工具对煤炭产能和煤炭产能偏离调控

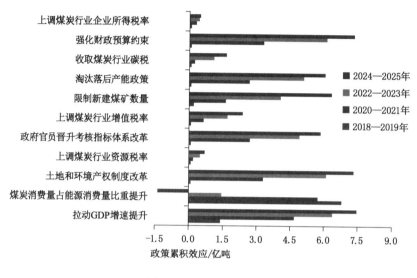

图 6-18　政策累积效应

的传导路径。如表 6-4 所示,税率类的政策工具传导过程相对较长,去产能政策和需求类调控政策传导过程相对较短。

6.3　多个政策工具组合效应的仿真分析

通常,单一政策工具无法实现政策制定者的多重需要,多个政策组合实施是政策制定者的常见做法。多个政策工具共同实施的效果往往不同于多个政策单独实施的效果总和。把多个政策工具的组合实施会增大或缩小多个政策单独实施效果总和的现象定义为政策工具组合效应。进一步,把政策工具组合效应划分为协同效应和挤出效应。所谓协同效应是指对于某一政策而言,在有其他政策共同实施时,该政策所发挥的边际效果会大于单独实施该政策时所产生的政策效果,简而言之,当加入另一政策后,若某一政策的边际效果增加的话,则另一政策与该政策产生协同效应;反之,当加入其他政策后,若某一政策的边际效果减少的话,则另一政策对该政策产生挤出效应,即另一政策的实施挤出了该政策的调控效果。

由于政策组合效应源于不同政策的作用机理的差异性[264],所以,只需分析不同作用机理的政策组合间的组合效应。为此,把表 6-4 中 11 个政策工具划分为 5 类,即 S1、S2、S3、S4 和 S5,如表 6-5 所示。在各类政策中,分别选取一个政策工具作为代表,即煤炭行业增值税率调整、控制新建煤矿数量、淘汰落后产能、政府官员晋升考核指标体系改革和 GDP 增长率调整,且这 5 个政策工具调控方向皆选定为有利于产能偏离减少的调控方向,通过分析这 5 个政策之间的组合效应,推理出各类政策之间的组合效应。这 5 个政策的调控情景如表 6-3 所示,为了简化,基准情景记为 S0。

表 6-5 基于传导路径的政策工具分类

类别名称	政策工具
S1	煤炭行业增值税率调整、煤炭行业资源税率调整、煤炭行业企业所得税率调整、收取煤炭行业碳税
S2	控制新建煤矿数量
S3	淘汰落后产能
S4	政府官员晋升考核指标体系改革、土地和环境产权制度改革、强化财政预算约束
S5	GDP 增长率调整、能源结构调整

以政策 S1 为例,详细阐述政策组合的协同效应和挤出效应的计算方法。为了考察其他政策的实施对政策 S1 的协同和挤出效果,首先,仿真出 2018—2025 年 S1 政策所引发的产能偏离的减少量的累积值,记为 S1_S0。然后,加入政策 S2,计算 S2 还是 S1 政策组合所引发的产能偏离的减少量在 2018—2025 年的累积效果值,记为 SUM(S1+S2),这些政策组合效果的累积值减去仅采用政策 S2 所引发的产能偏离的减少量的累积值,得出在政策 S2 加入后政策 S1 所发挥的作用,记为 SUM((S1+S2)−S2)。根据协同效应和挤出效应的定义,比较在政策 S2 加入后 S1 政策的边际效果与单独实施 S1 政策的效果,若前者高于后者,则 S1 与 S2 的政策组合表现为协同效应,反之,则 S2 对 S1 产生挤出效应,即 SUM((S1+S2)−S2)−S1_S0 大于 0 和小于 0 分别记为协同效应和挤出效应。以此,分别计算当其他 2 个、3 个和 4 个政策加入后,分别与政策 S1、S2、S3、S4 和 S5 的协同效应和挤出效应,组合效应的最终判定结果汇总于表 6-6,仿真结果分别如图 6-19、图 6-20、图 6-21、图 6-22 和图 6-23 所示。

表 6-6 政策组合的协同效应与挤出效应

名称	计算方法	协同效应	挤出效应
S1_S0	−SUM(S1−S0)		
S1_S2	−SUM((S1+S2)−S2)−S1_S0		√
S1_S3	−SUM((S1+S3)−S3)−S1_S0	√	
S1_S4	−SUM((S1+S4)−S4)−S1_S0	√	
S1_S5	−SUM((S1+S5)−S5)−S1_S0	√	

表 6-6(续)

名称	计算方法	协同效应	挤出效应
S1_S2S3	$-\mathrm{SUM}((S1+S2+S3)-(S2+S3))-S1\_S0$		$\checkmark$
S1_S2S4	$-\mathrm{SUM}((S1+S2+S4)-(S2+S4))-S1\_S0$		$\checkmark$
S1_S2S5	$-\mathrm{SUM}((S1+S2+S5)-(S2+S5))-S1\_S0$		$\checkmark$
S1_S3S4	$-\mathrm{SUM}((S1+S3+S4)-(S3+S4))-S1\_S0$	$\checkmark$	
S1_S3S5	$-\mathrm{SUM}((S1+S3+S5)-(S3+S5))-S1\_S0$	$\checkmark$	
S1_S4S5	$-\mathrm{SUM}((S1+S4+S5)-(S4+S5))-S1\_S0$	$\checkmark$	
S1_S2S3S4	$-\mathrm{SUM}((S1+S2+S3+S4)-(S2+S3+S4))-S1\_S0$		$\checkmark$
S1_S2S3S5	$-\mathrm{SUM}((S1+S2+S3+S5)-(S2+S3+S5))-S1\_S0$		$\checkmark$
S1_S2S4S5	$-\mathrm{SUM}((S1+S2+S4+S5)-(S2+S4+S5))-S1\_S0$		$\checkmark$
S1_S3S4S5	$-\mathrm{SUM}((S1+S3+S4+S5)-(S3+S4+S5))-S1\_S0$	$\checkmark$	
S1_S2S3S4S5	$-\mathrm{SUM}((S1+S2+S3+S4+S5)-(S2+S3+S4+S5))-S1\_S0$	$\checkmark$	
S2_S0	$-\mathrm{SUM}(S1-S0)$		
S2_S1	$-\mathrm{SUM}((S1+S2)-S1)-S2\_S0$		$\checkmark$
S2_S3	$-\mathrm{SUM}((S2+S3)-S3)-S2\_S0$	$\checkmark$	
S2_S4	$-\mathrm{SUM}((S2+S4)-S4)-S2\_S0$		$\checkmark$
S2_S5	$-\mathrm{SUM}((S2+S5)-S5)-S2\_S0$	$\checkmark$	
S2_S1S3	$-\mathrm{SUM}((S1+S2+S3)-(S1+S3))-S2\_S0$		$\checkmark$
S2_S1S4	$-\mathrm{SUM}((S1+S2+S4)-(S1+S4))-S2\_S0$		$\checkmark$
S2_S1S5	$-\mathrm{SUM}((S1+S2+S5)-(S1+S5))-S2\_S0$		$\checkmark$
S2_S3S4	$-\mathrm{SUM}((S2+S3+S4)-(S3+S4))-S2\_S0$		$\checkmark$
S2_S3S5	$-\mathrm{SUM}((S2+S3+S5)-(S3+S5))-S2\_S0$	$\checkmark$	
S2_S4S5	$-\mathrm{SUM}((S2+S4+S5)-(S4+S5))-S2\_S0$		$\checkmark$
S2_S1S3S4	$-\mathrm{SUM}((S1+S2+S3+S4)-(S1+S3+S4))-S2\_S0$		$\checkmark$
S2_S1S3S5	$-\mathrm{SUM}((S1+S2+S3+S5)-(S1+S3+S5))-S2\_S0$	$\checkmark$	
S2_S1S4S5	$-\mathrm{SUM}((S1+S2+S4+S5)-(S1+S4+S5))-S2\_S0$		$\checkmark$
S2_S3S4S5	$-\mathrm{SUM}((S2+S3+S4+S5)-(S3+S4+S5))-S2\_S0$		$\checkmark$
S2_S1S3S4S5	$-\mathrm{SUM}((S1+S2+S3+S4+S5)-(S1+S3+S4+S5))-S2\_S0$		$\checkmark$
S3_S0	$-\mathrm{SUM}(S3-S0)$		
S3_S1	$-\mathrm{SUM}((S1+S3)-S1)-S3\_S0$	$\checkmark$	
S3_S2	$-\mathrm{SUM}((S2+S3)-S2)-S3\_S0$	$\checkmark$	
S3_S4	$-\mathrm{SUM}((S3+S4)-S4)-S3\_S0$	$\checkmark$	

表 6-6(续)

名称	计算方法	协同效应	挤出效应
S3_S5	$-SUM((S3+S5)-S5)-S3\_S0$		√
S3_S1S2	$-SUM((S1+S2+S3)-(S1+S2))-S3\_S0$	√	
S3_S1S4	$-SUM((S1+S3+S4)-(S1+S4))-S3\_S0$	√	
S3_S1S5	$-SUM((S1+S3+S5)-(S1+S5))-S3\_S0$	√	
S3_S2S4	$-SUM((S2+S3+S4)-(S2+S4))-S3\_S0$	√	
S3_S2S5	$-SUM((S2+S3+S5)-(S2+S5))-S3\_S0$	√	
S3_S4S5	$-SUM((S3+S4+S5)-(S4+S5))-S3\_S0$	√	
S3_S1S2S4	$-SUM((S1+S2+S3+S4)-(S1+S2+S4))-S3\_S0$	√	
S3_S1S2S5	$-SUM((S1+S2+S3+S5)-(S1+S2+S5))-S3\_S0$	√	
S3_S1S4S5	$-SUM((S1+S3+S4+S5)-(S1+S4+S5))-S3\_S0$	√	
S3_S2S4S5	$-SUM((S2+S3+S4+S5)-(S2+S4+S5))-S3\_S0$	√	
S3_S1S2S4S5	$-SUM((S1+S2+S3+S4+S5)-(S1+S2+S4+S5))-S3\_S0$	√	
S4_S0	$-SUM(S4-S0)$		
S4_S1	$-SUM((S1+S4)-S1)-S4\_S0$	√	
S4_S2	$-SUM((S2+S4)-S2)-S4\_S0$		√
S4_S3	$-SUM((S3+S4)-S3)-S4\_S0$	√	
S4_S5	$-SUM((S4+S5)-S5)-S4\_S0$		√
S4_S1S2	$-SUM((S1+S2+S4)-(S1+S2))-S4\_S0$		√
S4_S1S3	$-SUM((S1+S3+S4)-(S1+S3))-S4\_S0$	√	
S4_S1S5	$-SUM((S1+S4+S5)-(S1+S5))-S4\_S0$	√	
S4_S2S3	$-SUM((S2+S3+S4)-(S2+S3))-S4\_S0$		√
S4_S2S5	$-SUM((S2+S4+S5)-(S2+S5))-S4\_S0$		√
S4_S3S5	$-SUM((S3+S4+S5)-(S3+S5))-S4\_S0$	√	
S4_S1S2S3	$-SUM((S1+S2+S3+S4)-(S1+S2+S3))-S4\_S0$		√
S4_S1S2S5	$-SUM((S1+S2+S4+S5)-(S1+S2+S5))-S4\_S0$		√
S4_S1S3S5	$-SUM((S1+S3+S4+S5)-(S1+S3+S5))-S4\_S0$	√	
S4_S2S3S5	$-SUM((S2+S3+S4+S5)-(S2+S3+S5))-S4\_S0$		√
S4_S1S2S3S5	$-SUM((S1+S2+S3+S4+S5)-(S1+S2+S3+S5))-S4\_S0$		√
S5_S0	$-SUM(S5-S0)$		
S5_S1	$-SUM((S1+S5)-S1)-S5\_S0$	√	
S5_S2	$-SUM((S2+S5)-S2)-S5\_S0$	√	

表 6-6(续)

名称	计算方法	协同效应	挤出效应
S5_S3	−SUM((S3+S5)−S3)−S5_S0		√
S5_S4	−SUM((S4+S5)−S4)−S5_S0		√
S5_S1S2	−SUM((S1+S2+S5)−(S1+S2))−S5_S0	√	
S5_S1S3	−SUM((S1+S3+S5)−(S1+S3))−S5_S0	√	
S5_S1S4	−SUM((S1+S4+S5)−(S1+S4))−S5_S0	√	
S5_S2S3	−SUM((S2+S3+S5)−(S2+S3))−S5_S0	√	
S5_S2S4	−SUM((S2+S4+S5)−(S2+S4))−S5_S0	√	
S5_S3S4	−SUM((S3+S4+S5)−(S3+S4))−S5_S0		√
S5_S1S2S3	−SUM((S1+S2+S3+S5)−(S1+S2+S3))−S5_S0	√	
S5_S1S2S4	−SUM((S1+S2+S4+S5)−(S1+S2+S4))−S5_S0	√	
S5_S1S3S4	−SUM((S1+S3+S4+S5)−(S1+S3+S4))−S5_S0	√	
S5_S2S3S4	−SUM((S2+S3+S4+S5)−(S2+S3+S4))−S5_S0	√	
S5_S1S2S3S4	−SUM((S1+S2+S3+S4+S5)−(S1+S2+S3+S4))−S5_S0	√	

注:S1_S2S4S5 表示在同时实施政策 S1、S2、S4 和 S5 时,政策 S2、S4 和 S5 对政策 S1 的组合效应,以
此类推;SUM()表示对 2018—2025 年政策效果的求和;由于本书采用的调控情景旨在降低产能
偏离水平,所以取"−"号后的政策效果即为调控政策对产能偏离的减少量,其值越大,说明政策
调控效果越强烈。

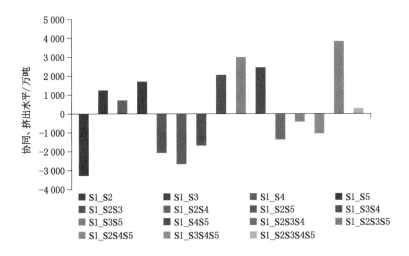

图 6-19　政策 S1 与其他政策的协同效应和挤出效应

（1）政策 S1 与其他政策的组合效应

如图 6-19 所示,政策 S2 对政策 S1 产生的挤出效应最为强烈,且在无论 2 个、3 个还是 4 个政策的组合中,但凡在政策组合中出现 S2,这些政策组合都会对 S1 产生挤出效应。而在 S2、S3、S4 政策共同加入时,政策 S1 发挥出在这些政策组合中最大的边界政策效果,说明政策 S2、S3、S4 与政策 S1 产生很高的协同效应。

（2）政策 S2 与其他政策的组合效应

如图 6-20 所示,绝大多数政策对政策 S2 产生挤出效应,其中,政策 S1 和 S4 共同实施对政策 S2 的挤出效应最为强烈。而在政策 S3 和 S5 共同实施时,会对政策 S2 产生较高的协同效应。

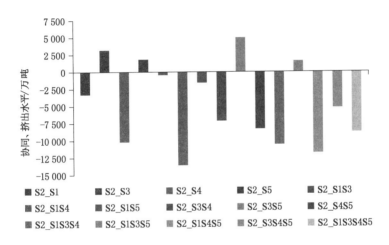

图 6-20　政策 S2 与其他政策的协同效应和挤出效应

（3）政策 S3 与其他政策的组合效应

如图 6-21 所示,除了政策 S5 和 S3 的政策组合外,其他政策与 S3 的组合皆表现为协同效应,其中,在这些政策组合中,政策 S1、S2 和 S4 共同实施会引发政策 S3 发挥出最大的边际政策效果。

（4）政策 S4 与其他政策的组合效应

如图 6-22 所示,多数政策对政策 S4 产生较为强烈的挤出效应,其中政策 S2 对政策 S4 产生的挤出效应最为强烈,且无论是 2 个、3 个、4 个还是 5 个政策的组合,但凡在政策组合中出现 S2,这些政策组合都会对 S4 产生挤出效应。而政策 S3 与政策 S4 产生较高的协同效应,且存在政策 S3 的政策组合基本会与政策 S4 产生协同效应。

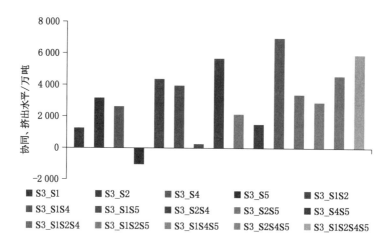

图 6-21　政策 S3 与其他政策的协同效应和挤出效应

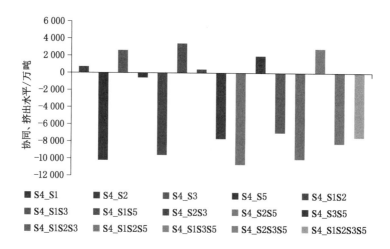

图 6-22　政策 S4 与其他政策的协同效应和挤出效应

（5）政策 S5 与其他政策的组合效应

如图 6-23 所示，多数政策与政策 S5 产生协同效应，其中，政策 S1 和 S2 与政策 S5 产生最为强烈的协同效应，包含政策 S1 和 S2 在内的 4 个、5 个政策组合也表现出较好的协同效应，而政策 S3 和 S4 会对政策 S5 产生一定程度上的挤出效应。

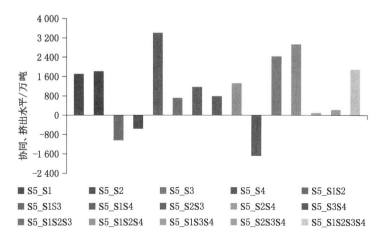

图 6-23　政策 S5 与其他政策的协同效应和挤出效应

6.4　政策工具组合设计的步骤

在单一政策和多个政策调控效果的仿真分析基础上,提出中国煤炭产能偏离调控的政策工具组合设计的步骤,如图 6-24 所示。

(1)步骤一:基于产能偏离度判别是否展开产能偏离调控。

① 产能偏离水平的测算。设定煤炭需求量影响因素的情景,基于动态规划模型和系统动力学模型,求解在此煤炭需求情景下的最优产能和实际产能,两者的差值即为煤炭产能偏离水平。

② 产能偏离调控的判定。若产能偏离度较大,超出了政策制定者可允许的偏离区间,则需要产能偏离管理,若产能偏离度较小,可以选择温和的调控手段;若产能偏离度很小,处于政策制定者可允许的偏离区间,可不实施产能偏离调控措施。

(2)步骤二:在产能偏离构成的识别基础上,设计产能周期偏离调控政策工具组合集或产能自然偏离调控政策工具组合集。

① 产能自然偏离和周期偏离的判别。若在考察年份里,煤炭需求增速的变化趋势存有明显的转折,则存在产能周期偏离,否则,仅存有产能自然偏离。

② 产能自然偏离和周期偏离水平的测算。重新设置煤炭需求量情景,确保需求增速的变化趋势无明显的转折,由此仿真出的产能偏离水平即产能周期偏离,由产能偏离水平与产能周期偏离的差值可得产能自然偏离水平。

③ 产能自然偏离和周期偏离调控的判别。对于产能周期偏离,若产能周期

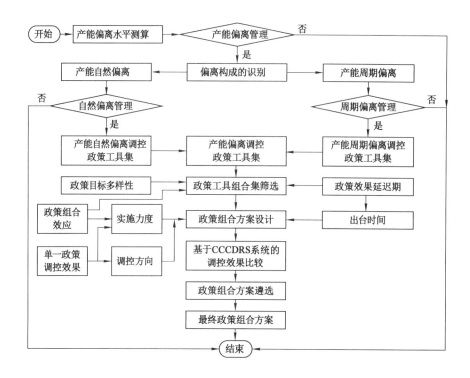

图 6-24　产能偏离调控的政策工具组合设计的步骤

偏离度很小,在决策者期望产能偏离的范围内,无须实施产能周期管理,若产能周期偏离度较小,且在未来两年内可预期煤炭需求新的增长点(原产能周期偏离度为负)或放缓的征兆(原产能周期偏离度为负),亦可不实施产能周期管理。对于产能自然偏离,应长期致力于市场机制完善和体制改革,若产能自然偏离度超出了政策制定者允许的范围,应采取多种政策工具实施产能偏离调控。

④ 产能自然偏离和周期偏离的政策工具的选择。如表 6-4 所示,产能周期偏离的政策措施有 CCS 技术和清洁煤技术的推广、加快煤改气和绿电代替火电进程、促进 GDP 增长率提升、淘汰落后产能政策和向国外市场转移产能等;调控产能自然偏离的政策措施有调整煤炭行业增值税率、资源税率、企业所得税率、碳税率,控制新建煤矿数量、政府官员晋升考核指标体系改革、土地和环境产权制度改革、强化财政预算约束、淘汰落后产能政策和向国外市场转移产能等。

(3)步骤三:基于政策目标多样性、政策调控方向、政策效果延迟时间和政策组合效应,筛选可能的政策工具组合集。

① 基于政策目标多样性筛选可能的政策工具组合集。表 6-4 列出的政策

工具不仅具有产能调控的效果,还可能会促进或者抑制经济增长、环境保护等其他政策目标的达成。表 6-7 列出了各个政策措施对经济增长、环境保护和产能结构等目标的促进和抑制情况。其中,经济增长是指全国的经济增长水平;环境保护是指全国的环境水平;产能结构是指煤炭行业优质产能与落后产能的比重。为了实现多重政策目标,需要在上一步骤所选择的政策工具中尽可能地筛选出有利于达成其他政策目标的政策措施,若难以获取可共同促进多重政策目标达成的政策措施,可以采用其他政策目标的损失在可接受范围内的政策措施。

表 6-7　政策工具的多重政策目标

政策工具		经济增长	环境保护	产能结构
煤炭行业增值税率调整	上调	负向	—	—
	下调	正向	—	—
煤炭行业资源税率调整	上调	负向	—	—
	下调	正向	—	—
煤炭行业企业所得税率调整	上调	负向	—	—
	下调	正向	—	—
收取煤炭行业碳税		负向	正向	正向
控制新建煤矿数量	提高煤炭市场准入条件	—	正向	正向
	降低煤炭市场准入条件	—	负向	负向
去产能	淘汰落后产能政策	—	—	正向
	向国外市场转移产能	—	—	
政府官员晋升考核指标体系改革		正向	正向	
土地和环境产权制度改革		—	正向	
强化财政预算约束		—	正向	
GDP 增长率调整	提升	正向		
	下调	负向		
能源结构调整	CCS 技术和清洁煤技术推广	—	正向	
	加快煤改气和绿电代火电进程	—	正向	

②　基于政策效果的延迟期筛选可能的政策工具组合集。表 6-4 列出了每个政策措施的政策效果延迟时间,包括开始发挥作用的延迟期和完全发挥作用的延迟期。在所有政策工具中,开始发挥作用的延迟期为 0～3 年不等且以 3 年居多,完全发挥作用的延迟期在 0～7 年不等且以 7 年居多。若政策制定者期望在前 3 年内得到明显的政策效果,应在政策组合中加入延迟期小于 3 年的政策

工具。

③ 基于政策组合的协同效应和挤出效应筛选政策工具组合集。基于表 6-6,尽可能选择具有协同效应的政策组合,若在基于前几项步骤所得到的政策工具集里,所有政策工具之间的组合皆存有挤出效应,则应选择挤出效应相对小的政策组合。

(4) 步骤四:在政策工具组合集里选择可能的政策组合方案,并基于政策调控方向、累积效应、延迟时间,确定政策出台时间、调控方向和实施力度。

① 基于政策工具的延迟时间,确定政策出台时间。

若政策制定者期望在前 3 年获得政策调控效果,应在政策实施的第 1 年采用政策延迟期小于 3 年的政策措施。一般来讲,政策制定者若想在某一年获取某一政策的政策效果,应提前延迟期的时间开始出台该政策措施。

② 基于政策效果取向,确定政策调控方向。

基于政策工具的调控方向(表 6-4),选择可以减少产能偏离绝对值的政策措施。若产能偏离水平为正向,即产能过剩,选择具有负向调节产能偏离的政策措施;若产能偏离水平为负向,即产能不足,选择具有正向调节产能偏离的政策措施。

③ 基于单一政策的累积效应和政策组合效应,初步确定政策实施力度。

在每个政策强度的设计上,首先,基于表 6-4,获取单一政策效果的大小和累积效应,然后,基于图 6-19、图 6-20、图 6-21、图 6-22 和图 6-23,考察政策组合的挤出水平和协同水平,若政策组合表现为挤出效应,加大每个政策的强度,以达到与各个单一政策加总的政策效果;否则,减少每个政策的强度。

④ 基于产能偏离管理仿真系统的模拟结果,选择最终的政策组合方案。

对于政策工具组合集里可能的政策组合方案,基于初步确定的各个政策实施力度,对多套政策组合进行系统仿真,基于仿真结果,进一步调整各个政策的实施力度。最终,确定可以达到政策制定者预期效果的政策组合方案。

6.5 一个案例

按照政策工具组合设计的步骤,设计 2018—2025 年政策工具的组合方案。

(1) 判别是否展开产能偏离管理。

基于第 4 章求解出的最优产能和基准情景下仿真产能的差值可得,2018—2025 年产能偏离水平分别为 31 313 万吨、35 262 万吨、30 384 万吨、42 239 万吨、54 693 万吨、62 446 万吨、64 890 万吨和 61 698 万吨,相应的产能偏离度分别为 7.564%、8.477%、7.100%、9.644%、12.263%、13.694%、13.925% 和 13.016%。

由此可见,产能偏离度相对较大,需要采用政策组合实施产能偏离管理。

（2）在产能偏离构成识别的基础上,设计周期偏离管理政策工具组合或自然偏离管理政策工具组合。

对于产能周期偏离和自然偏离的判别,在煤炭需求基准情景（表 3-4）下,2019 年需求量增长率较 2018 年增加了 3 个百分点,2019—2020 年煤炭需求增速基本不变,2020—2021 年煤炭需求增速下降 1 个百分点,说明 2019 年存在轻微的正向需求冲击,且在两年后的 2020 年出现轻微的负向需求冲击。由此可见,在 2018—2025 年由需求冲击引发的产能周期偏离很小。当需求冲击引发的产能周期偏离度很小且在短时间内存有逆向的需求冲击时,可以不采取产能周期偏离管理的措施。由于总产能偏离度在 7％～13％区间内,产能周期偏离很微弱,所以产能自然偏离度相对较大,应采取政策组合管理产能自然偏离。

综上,2018—2025 年存在较为明显的产能偏离,且这一偏离绝大多数来自产能自然偏离,应选择产能自然偏离管理的政策工具组合。

（3）基于政策延迟期、调控方向、累积效应、多重政策目标、政策组合效应,选取具体政策措施的组合集。

从 2018—2025 年产能偏离度的变化趋势上看,产能偏离度整体呈上升趋势,且 2018—2021 年产能偏离度小于 10％,2022—2025 年产能偏离度大于 10％,因此,产能偏离管理的政策组合效果只要在 2022 年开始明显发挥作用即可,也就是说,在政策工具选择上,无须着重于选择政策延迟期较短的政策工具,配合选取一项延迟时间较短的政策工具即可。如表 6-4 所示,在产能自然偏离管理的政策工具中,延迟时间较短且负向影响产能偏离的政策措施包括淘汰落后产能政策和向国外市场转移产能。2018 年的政策措施应从这两者选择其一,以保障 2019—2020 年产能偏离管理的政策效果。

对于多重政策目标,在实现产能偏离管理目标的基础上,尽可能选择有利于实现经济增长、环境保护和产能结构优化等多重政策目标的政策组合。在降低产能自然偏离的政策工具中,有利于实现这三个政策目标里其中两个目标的政策措施为收取煤炭行业碳税和政府官员晋升考核指标体系改革,这些政策不仅有利于产能自然偏离管理,还有利于环境保护和产能结构优化等双重政策目标的实现。此外,土地和环境产权制度改革、强化财政预算约束和淘汰落后产能政策不仅有利于产能自然偏离管理,还有利于产能结构优化。资源税率上调也有资源节约的政策效果。因此,基于多重政策目标,首选收取煤炭行业碳税、提高煤炭市场准入条件、政府官员晋升考核指标体系改革、土地和环境产权制度改革、强化财政预算约束、资源税率上调和淘汰落后产能政策等七项政策措施。

对于政策组合效应,在这七项政策里,煤炭行业碳税和资源税率上调属于政策 S1、提高煤炭市场准入条件属于政策 S2,淘汰落后产能政策属于政策 S3,政府官员晋升考核指标体系改革、土地和环境产权制度改革和强化财政预算约束属于政策 S4。基于表 6-8,在这 4 类政策中,政策 S2 会挤出 S1、S3 和 S4 的政策效果,而 S1、S3 和 S4 这三类政策的随意组合皆表现出协同效应,且 S1、S3 和 S4 组合的协同效应高于两两组合的协同效应。由此,分别在 S1、S3 和 S4 等三类政策中选取政策进行政策组合,以发挥最高的协同效应。

(4)政策组合方案设计。

根据上一步具体政策措施的选择结果,在收取煤炭行业碳税和资源税率上调中选择 1~2 个政策,在政府官员晋升考核指标体系改革、土地和环境产权制度改革和强化财政预算约束中选择 1~3 个政策,再加上实施淘汰落后产能政策。其中,在 2018 年应实施淘汰落后产能政策以保障 2019—2020 年产能偏离管理的政策效果。在每个政策强度的设计上,基于这些政策组合表现为协同效应,可减少每个政策的强度,以达到与各个单一政策加总的政策效果,并基于产能偏离管理仿真系统,进一步调试政策强度,最终给出了 3 套产能偏离调控政策组合方案,如表 6-8 所示。

表 6-8 政策组合方案设计

方案	政策实施时间	政策工具	调控方向	调控强度	调控效果
方案 1	2018 年	淘汰落后产能		2 亿吨	除了 2018 年产能偏离度为 7.032% 外,其他年份皆在 -1%~3% 区间,兼顾产能结构优化、环境保护和资源节约等其他政策目标
	2018—2025 年	碳税	征收	20 元/吨 CO_2	
	2018—2025 年	资源税	上调	20%	
	2018—2025 年	政府官员晋升考核体系中经济绩效占比	下调	30%	
方案 2	2018 年	淘汰落后产能		1.5 亿吨	除了 2018 年产能偏离度为 7.032% 外,其他年份皆在 -1%~4% 区间,兼顾产能结构优化、环境保护等其他政策目标
	2018—2025 年	政府官员晋升考核体系中经济绩效占比	下调	20%	
	2018—2025 年	财政预算约束性	上调	20%	
	2018—2025 年	土地和环境产权模糊度	下调	20%	
	2018—2025 年	资源税	上调	20%	

表 6-8(续)

方案	政策实施时间	政策工具	调控方向	调控强度	调控效果
方案 3	2018 年	淘汰落后产能		2 亿吨	除了 2018 年产能偏离度为 7.032% 外,其他年份皆在 −1%～3% 区间,兼顾产能结构优化、环境保护等其他政策目标
	2018—2025 年	财政预算约束性	上调	20%	
	2018—2025 年	财政预算约束性	上调	20%	
	2018—2025 年	碳税	征收	20 元/吨 CO_2	

这 3 套政策组合都让煤炭产能回归最优产能水平,即除了 2018 年产能偏离度为 7.032% 外,其他年份皆在 −1%～4%,并兼顾了产能结构优化、环境保护和资源节约等政策目标,如图 6-25 所示。

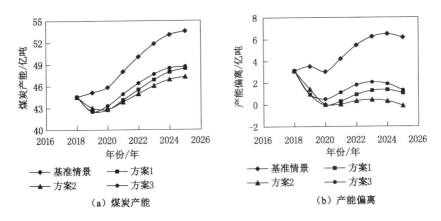

图 6-25　产能偏离管理的政策组合方案

第 7 章　研究结论与展望

7.1　研究结论

（1）中国煤炭产能呈现周期性波动特征。

基于边界产能和产能利用率的测算结果以及投资周期理论和实业经济周期理论，1990—2017，中国煤炭行业经历了两轮产能周期，分别为 1990—2001 年和 2002—2017 年。这两轮产能周期皆可划分为四个阶段：第一阶段（1990—1994 年和 2002—2003 年），新一轮经济复苏，产能利用率不断提升，分别从 1990 年的 72.232% 上升到 1994 年的 91.554% 以及从 2002 年的 82.784% 上升到 2003 年的 93.156%，这促使产能开始扩张；第二阶段（1995—1996 年和 2004—2007 年），煤炭需求旺盛，企业过度乐观，煤炭产能大幅扩张，1995—1996 年和 2004—2007 年煤炭产能平均增速分别高达 10.671% 和 11.823%；第三阶段（1997—1999 年和 2008—2016 年），产能利用率分别从 1997 年的 79.740% 下降到 1999 年的 65.772% 以及从 2008 年的 83.988% 下降到 2016 年的 67.218%，煤炭市场供过于求，煤价下跌，市场倒逼落后产能退出市场；第四阶段（2000—2001 年和 2017 年），产能出清进入尾声，企业利润开始改善，产能利用率开始提升，分别从 2000 年的 64.445% 上升到 2001 年的 73.044% 以及从 2016 年的 67.218% 上升到 2017 年的 75.915%。

（2）与实际煤炭产能相比，全产能周期下跨期最优产能呈现出更平稳的发展、更及时的调整、更低的成本等特征。

1990—2017 年，全产能周期下跨期最优产能比实际煤炭产能发展更为平稳，特别是在 1990—1999 年和 2014—2017 年，最优产能增速在 0%～6.000% 区间小幅度波动，而实际产能则经历了大幅波动，最大增幅和降幅分别高达 14.766% 和 12.543%。此外，最优产能调整时间往往比实际产能的调整时间早 1～3 年，如 2012 年最优产能增速已放缓至零点附近，而实际产能仍维持着 12.167% 的速度增长，到 2014 年其增速才放缓为 2.212%。另外，在 1990—2017 年，最优产能比实际成本累积节约成本 3 028.571 亿元，且主要来源于退出成本和缺货成本,其中,1992—1994 年、1998—2001 年和 2015—2017 年共节约退出成本 1 249.428 亿元,2004—2007 年共节约缺货成本 1 078.291 亿元。而且,最优产能所产生的年度成本皆低于或等于年度实际产能成本,年度最优产能成本类似于年度实际产能成本下方的包络线。

(3)中国煤炭产能偏离是来自供给侧的产能自然偏离和来自需求侧的产能周期偏离共同作用的结果,前者受到产能窖藏效应、进入阻止效应和政府投资激励的正向影响,后者受到需求冲击的负向影响。

中国煤炭产能偏离度在 0.01 显著性水平下可解构为产能自然偏离度和周期偏离度,这说明中国煤炭产能偏离是来自供给侧的产能自然偏离和来自需求侧的周期偏离共同作用的结果。在供给侧,要素窖藏效应、进入阻止效应和政府投资激励等因素在 0.05 显著性水平下对产能自然偏离产生显著的正向影响。具体的,厂商预期未来需求波动越大,产能自然偏离水平越高,反之亦然;市场集中度越高,厂商通过存储超额产能以阻止新厂商进入的动机越强烈,从而推动产能自然偏离水平的提高,反之亦然;地方政府投资激励的动机越强,引发越多的产能自然偏离水平,反之亦然;地方政府投资激励的能力越强,引发越多的产能自然偏离,反之亦然。在需求侧,经济增长、能源强度和能源结构等煤炭需求冲击在 0.05 显著性水平下对产能周期偏离产生显著的负向影响。具体的,经济增速放缓会提升产能周期偏离水平,反之,则会降低产能周期偏离水平;单位 GDP耗能量的降低会提高产能周期偏离水平,反之,则会提升产能周期偏离水平;煤炭消费占能源消费的比重的降低会提升产能周期偏离水平,反之,则会降低产能周期偏离水平。根据产能自然偏离和周期偏离形成机理的这种差异性,基于产能自然偏离度和周期偏离度的大小和成因的科学判断设计调控政策是产能偏离调控的有效路径。

(4)CCCDRS 系统是中国煤炭产能优化管理的有效支撑。

CCCDRS 系统即中国煤炭产能偏离调控政策仿真系统,用于刻画在煤炭市场需求和政府干预下煤炭企业产能决策的行为模式以及产能偏离调控政策的系统响应路径和结果。系统中煤企产能决策、政府投资干预、煤炭市场需求等三个子模块的行为模式构建以及三者之间的关系构建皆基于第 5 章煤炭产能偏离形成机理的研究成果,具有坚实的前期研究基础,且该模型通过了模型结构合适性和行为合适性检验。该系统变量的仿真值与历史值的相对误差在 10% 以内,与现实煤炭产能系统的拟合度较高。这一仿真系统可定量模拟单一政策工具的调控方向、延迟时间和累积效应,多个政策组合的协同效应和挤出效应,以及定量仿真比较不同出台时间、不同政策工具组合、不同政策力度下政策组合方案的调控效果,为政策组合方案设计提供了多维度、定量化的决策参考。由此,这一系统结构合理、吻合现实,可为政策组合方案设计提供多维度、定量化的决策参考,是中国煤炭产能优化管理的有效支撑。

7.2 政策建议

(1) 改变以往基于总产能过剩和不足特征的产能政策设计,应分别针对产能自然偏离度和周期偏离度的大小和成因设计政策组合。

以往的产能政策是基于总产能过剩或不足的数量制定年度全国、各省的年度产能任务。然而,由于本书研究结果表明供给侧和需求侧的产能偏离形成机理各异,所以,以往仅基于总产能过剩或不足的数量的产能治理政策难以解决产能过剩或产能不足问题,这或许是中国煤炭实际产能在多数年份大幅度地偏离最优产能的原因之一。因此,在未来产能政策设计时,应基于产能自然偏离度和周期偏离度的符号、绝对值和比重,科学判断产能偏离的主要因素。具体的,基于本书研究结果可知,产能自然偏离度一直是正值,所以,负的产能偏离即产能不足仅可能是由产能周期偏离引发,而产能过剩可能由产能自然偏离和周期偏离共同引发。因此,对于产能不足问题,若同时出现经济过热现象,应采用货币政策或财政政策抑制经济过热和煤炭需求的快速增长;若未伴随出现经济过热现象,应基于产能周期偏离的数量和未来行业需求的预期设计产能扩张政策。对于产能过剩问题,若产能偏离主要来源于产能自然偏离,应采取体制改革和市场机制完善等化解自然偏离的措施,从根本上解决厂商过度投资问题;若产能偏离主要来源于产能周期偏离,应基于产能周期偏离的数量和未来行业需求的预期设计各个年度的去产能任务。

(2) 长期的产能管理应着重于体制改革和市场机制完善。

本书研究结果表明,正的和负的产能周期偏离分别可以随着煤炭需求量增速提升和放缓而自行消散。然而,产能自然偏离在一定程度上引发中国煤炭行业一直处于产能过剩的风险之中。因此,长期产能政策应不断削弱产能自然偏离。基于产能自然偏离来自体制问题和市场机制问题,长期的产能管理应着重于体制改革和市场机制完善。

① 体制改革,主要包括完善财政分权制度、政府官员政治晋升体制,推动金融体制改革等措施,以促使地方政府丧失干预企业投资的动机和能力。本书研究表明,地方政府投资激励的动机和能力皆显著地推动产能自然偏离度的提升。因此,为了抑制地方政府干预产能,不仅要通过完善财政分权制度,推动金融体制改革等限制地方政府投资激励的能力,还要通过完善政府官员政治晋升体制消除地方政府投资激励的动机。现有以 GDP 为核心的政府官员考核指标应转

变为全面考察经济、社会、生态的综合指标,其中,经济绩效更侧重考察地区经济发展质量,社会指标侧重于考察教育、医疗和住房等国计民生问题,生态指标侧重于考察碳排放、排污量、生态资源消耗量等生态环境问题。政府官员不再致力于通过投资激励拉动地区经济总量的增长,而是专注于转变经济发展方式,改善人民生活质量,建设美丽城市。基于这些体制改革,地方政府将在很大程度上丧失了投资激励的动机和能力,从根本上减少了由政府干预引发的产能自然偏离。

② 市场机制完善,主要包括促进市场信息的公开透明,以降低因应对未来需求的不确定性而维持超额产能的数量。本书研究表明,厂商为了应对未来需求的不确定性而维持超额产能,从而显著地提升了产能自然偏离。因此,政府应着力于促进市场信息的公开透明,如基于大数据技术建立煤炭市场信息监测平台,实时监控火电、建材、冶金、化工等主要耗煤行业的需求波动、国际煤炭价格波动、可能危及国内煤炭市场突发事件,并通过对监测数据的挖掘,构建并优化需求预测模型,及时预测国内煤炭需求,从而促使厂商做出更为合理的对未来需求波动的预期,减少为了未来需求不确定性而维持过多的超额产能。

(3) 基于未来需求预期的年度去产能政策是有效化解产能周期偏离的重要手段。

本书研究表明,能源强度下降、煤炭消费量占能源消费量比重下降、GDP 增速放缓等抑制煤炭需求增长的因素会提升产能周期偏离。因此,当这些煤炭需求影响因素蕴含下行压力时,政府无须采取致力于提升负的产能周期偏离使之回归零点的措施,产能周期偏离会自行化解。相反,当这些影响因素蕴含上行潜力时,政府亦无须采取去周期偏离的措施,产能周期偏离亦会自行化解。而当产能周期偏离对经济和社会创伤严重、在一定时间内这些煤炭需求影响因素并未蕴含反向变动的可能性时,基于本书研究成果,实施去产能政策或产能扩张激励政策仍是快速化解产能周期偏离的重要手段。然而,以去产能政策为例,作为过去的产能治理过程中的常用措施,去产能政策实施后出现僵尸企业"死灰复燃"、新一轮的产能不足等现象,因此,很多学者认为去产能政策不是化解中国产能过剩的有效途径[265]。其实,僵尸企业"死灰复燃"是因为没有处理好地方政府产能扩张激励动机等产能自然偏离问题,新一轮的产能不足产生于对新一轮的需求增长的识别不清,盲目地依照当前的过剩产能总量制定去产能政策,但这无法完全否认去产能政策对化解产能周期偏离的重要作用。因此,当产能过剩和不足对经济和社会创伤严重时,基于产能周期偏离总量以及未来煤炭需求波动预期制定各年度的去产能政策或产能扩张激励政策可以促进产能周期偏离的快速化解和经济社会的稳定运行。

7.3 研究局限与展望

在数据可得性和个人时间精力的约束下,本书研究存有一些局限以及值得进一步拓展的方面。

(1) 研究局限

① 在数据可得性的约束下,本书仅求解了全国最优煤炭产能,仅探究了全国普遍意义上的煤炭产能偏离的成因,尚未考虑各个省份煤炭产能偏离成因的异质性,亦未设计出各个省份差异化的煤炭产能调控方案。

由于各个省份的退出成本、缺货成本、窖藏成本、环境成本等煤炭产能跨期优化的数据难以获取,难以求解各个省份的最优产能。各个省份产能偏离是由最优产能和实际产能的差值计算而得,而各个省份的产能偏离亦无法获取,进而各个省份的产能偏离形成机理和调控机制的研究亦无法进行。因此,本书仅求解了全国最优煤炭产能,揭示了全国普遍意义上产能偏离的成因,并给出全国产能调控政策方案设计的决策依据。然而,中国各个省份在煤炭资源禀赋、经济发展水平、煤炭价格、产能数量、产能结构等诸多方面存有较大的差异性。因此,各个省份的最优产能并不一定是全国最优产能与省份个数的商值,各个省份的产能偏离度很难皆等同于全国平均产能偏离度,各个省份的产能偏离的成因亦难以等同于全国总体产能偏离的成因。基于此,各个省份的煤炭产能偏离调控也应因地制宜。因此,在数据可得性的约束下,本书未考虑各省份异质性,这在一定程度上限制了研究成果的实践价值。

② 由于个人时间精力的有限性和本书研究侧重点的选择,在 CCCDRS 系统中,GDP、能源强度和能源结构等煤炭需求量的影响因素皆为外生变量,未考虑系统内外部多重因素对其的综合影响。

由于个人时间精力约束和本书研究侧重点的选择,在 CCCDRS 系统中,设置煤炭需求量影响因素为外生变量。这些煤炭需求的影响因素主要包括 GDP、能源强度和能源结构等。这些因素其实是受到 CCCDRS 系统内外部因素的多重影响的。如,在系统内部,煤炭工业总产值的增加会引发 GDP 的增加,而在系统外部,全国劳动力数量、资本数量、技术进步水平、世界市场经济运行状态等诸多因素皆影响 GDP。又如,在系统内部,煤炭碳排放的减少会通过减弱政府碳排放目标约束对能源结构转型的倒逼作用而降低能源结构的调整速度,而在系统外部,碳市场交易、CCS 技术、清洁能源技术、清洁煤技术等多种因素皆影响能源结构。因此,本书的 CCCDRS 系统无法揭示这些煤炭需求量影响因素与系统内部因素的相互作用和相互反馈的关系,亦无法直接揭示煤炭需求量的影响因素对系统外部诸多因素变动的反馈效应,这在一定程度上限制了本书的研究视野和应用范围。

（2）研究展望

① 通过多种途径充实各个省份煤炭产能跨期优化模型的相关数据,沿着本书的研究路径和研究方法,开展中国各个省份煤炭产能优化及调控机制研究。

在后续研究中,通过实地调研等多种途径获取各个省份的退出成本、缺货成本、窖藏成本等煤炭产能跨期优化的数据,沿着本书煤炭产能跨期优化、产能偏离测算、产能偏离成因分析和产能调控机制设计的研究思路,研究中国各个省份煤炭产能跨期优化、产能偏离测算和产能偏离成因,进而设计出各个省份的煤炭产能调控机制。

② 充分考虑系统内、外部诸多因素对煤炭需求量影响因素的综合影响,进一步扩宽 CCCDRS 系统的边界。

在后续研究中,深入分析系统内部因素对 GDP、能源强度和能源结构等因素可能产生的传导机制以及相应的数量关系式。识别在系统外部影响 GDP、能源强度和能源结构等因素的关键变量,并进一步考察这些关键变量的传导机制以及相应的数量关系式。由此,通过充分考虑系统内、外部诸多因素对煤炭需求量影响因素的综合影响,进一步扩宽 CCCDRS 系统的边界和研究范围。

参 考 文 献

［1］国家发展改革委,国家能源局.煤炭工业发展"十三五"规划［EB/OL］. (2016-12-22)［2018-07-09］. http://www. ndrc. gov. cn/zcfb/zcfbtz/201612/ t20161230_833687. html.

［2］ BRITISH PETROLEUM. Statistical review of world energy 2018［R］. London:［s. n.］,2018.

［3］ ITC. Trade map［R/OL］. (2017-05-26)［2018-07-09］. http://www. trademap. org.

［4］林毅夫,巫和懋,邢亦青."潮涌现象"与产能过剩的形成机制［J］.经济研究, 2010,45(10):4-19.

［5］ WANG Y H,LUO G L,GUO Y W. Why is there overcapacity in China's PV industry in its early growth stage?［J］. Renewable energy,2014,72: 188-194.

［6］ LI H C,YANG S Y,ZHANG J,et al. Coal-based synthetic natural gas (SNG) for municipal heating in China:analysis of haze pollutants and greenhouse gases (GHGs) emissions［J］. Journal of cleaner production, 2016,112:1350-1359.

［7］ YANG Y R,LIU X G,QU Y,et al. Formation mechanism of continuous extreme haze episodes in the megacity Beijing,China,in January 2013［J］. Atmospheric research,2015,155:192-203.

［8］ HUANG W Q,FAN H B,QIU Y F,et al. Application of fault tree approach for the causation mechanism of urban haze in Beijing-considering the risk events related with exhausts of coal combustion［J］. Science of the total environment,2016,544:1128-1135.

［9］ SHEN L,GAO T M,CHENG X. China's coal policy since 1979:a brief overview［J］. Energy policy,2012,40(1):274-281.

［10］ ANDREWS-SPEED P,YANG M Y,SHEN L,et al. The regulation of China's township and village coal mines:a study of complexity and ineffectiveness[J]. Journal of cleaner production,2003,11(2):185-196.

[11] 国务院.关于关闭非法和布局不合理煤矿有关问题的通知[EB/OL].
(1998-12-05)[2018-07-09]. http://www. nea. gov. cn/2011-08/17/c_
131055752. htm.

[12] 国务院办公厅.关于关闭国有煤矿矿办小井和乡镇煤矿停产整顿的紧急通
知[EB/OL].(2001-06-13)[2018-07-09]. http://www. nea. gov. cn/2011-
08/17/c_131055754. htm.

[13] 国务院.国务院关于促进煤炭工业健康发展的若干意见[EB/OL].(2005-
06-07)[2018-07-09]. http://www. gov. cn/zhengce/content/2008-03/28/
content_2588. htm.

[14] 国家发展改革委,国家环保总局.煤炭工业节能减排工作意见[EB/OL].
(2007-07-13)[2018-07-09]. https://www. mee. gov. cn/gkml/hbb/gwy/
200910/W020080408413049770326. pdf.

[15] 国家发展改革委.加快推进煤矿企业兼并重组的若干意见[EB/OL].
(2010-10-16)[2018-07-09]. http://www. gov. cn/zwgk/2010-10/21/
content_1727160. htm.

[16] 国务院.关于进一步加强淘汰落后产能工作的通知[EB/OL].(2010-02-
06)[2018-07-09]. http://www. gov. cn/zwgk/2010-04/06/content_
1573880. htm.

[17] 杨振.激励扭曲视角下的产能过剩形成机制及其治理研究[J].经济学家,
2013(10):48-54.

[18] 国家能源局,国家煤矿安全监察局.关于做好2015年煤炭行业淘汰落后产
能工作的通知[EB/OL].(2015-03-26)[2018-07-09]. http://zfxxgk. nea.
gov. cn/auto85/201505/t20150507_1918. htm.

[19] 国务院.国务院关于煤炭行业化解过剩产能实现脱困发展的意见[EB/
OL].(2016-02-01)[2018-07-09]. http://www. yueyang. gov. cn/zcfg2/
content_524807. html.

[20] ZHANG Y F,NIE R,SHI R Y,et al. Measuring the capacity utilization of
the coal sector and its decoupling with economic growth in China's
supply-side reform[J]. Resources,conservation and recycling,2018,129:
314-325.

[21] 夏晓华,史宇鹏,尹志锋.产能过剩与企业多维创新能力[J].经济管理,
2016,38(10):25-39.

[22] 江源.钢铁等行业产能利用评价[J].统计研究,2006,23(12):13-19.

［23］江飞涛.中国钢铁工业产能过剩问题研究［D］.长沙：中南大学,2008.

［24］刘文杰.产能过剩背景下钢铁工业企业重组与淘汰落后产能研究［D］.北京：中国社会科学院研究生院,2010.

［25］CASSELS J M. Excess capacity and monopolistic competition［J］. The quarterly journal of economics,1937,51(3):426-443.

［26］KLEIN L R. Some theoretical issues in the measurement of capacity［J］. Econometrica,1960,28(2):272.

［27］SEGERSON K,SQUIRES D. On the measurement of economic capacity utilization for multi-product industries［J］. Journal of econometrics,1990, 44(3):347-361.

［28］BERNDT E R,MORRISON C J. Capacity utilization measures：underlying economic theory and an alternative approach［J］. The American economic review,1981,71(2):48-52.

［29］COELLI T,GRIFELL-TATJÉ E,PERELMAN S. Capacity utilisation and profitability：a decomposition of short-run profit efficiency［J］. International journal of production economics,2002,79(3):261-278.

［30］沈利生.我国潜在经济增长率变动趋势估计［J］.数量经济技术经济研究, 1999(12):3-6.

［31］FARE R. The existence of plant capacity［J］. International economic review,1984,25(1):209.

［32］ABEL A B. Optimal investment under uncertainty［J］. The American economic review,1983,73(1):228-233.

［33］CHARNES A,COOPER W W,RHODES E. Measuring the efficiency of decision making units［J］. European journal of operational research,1978, 2(6):429-444.

［34］KIRKLEY J,PAUL C J M,SQUIRES D. Deterministic and stochastic capacity estimation for fishery capacity reduction［J］. Marine resource economics,2004,19(3):271-294.

［35］董敏杰,梁泳梅,张其仔.中国工业产能利用率：行业比较、地区差距及影响因素［J］.经济研究,2015,50(1):84-98.

［36］孙璞,尹小平.政府科技补贴能通过企业科技创新改善产能过剩吗？［J］. 华东经济管理,2016,30(10):101-106.

［37］干春晖,邹俊,王健.地方官员任期、企业资源获取与产能过剩［J］.中国工业经济,2015(3):44-56.

[38] 张龙鹏,周立群.企业间关系是否缓解了中国制造业的产能过剩:基于不完全契约理论的实证研究[J].山西财经大学学报,2016,38(1):1-11.

[39] 时磊.资本市场扭曲与产能过剩:微观企业的证据[J].财贸研究,2013,24(5):1-8.

[40] CHAMBERLIN E H. The theory of monopolistic competition:a re-orientation of the theory of value[J]. Economica,1947,14(53):77.

[41] KAMIEN M I,SCHWARTZ N L. Uncertain entry and excess capacity[J]. The American economic review,1972,62(5):918-927.

[42] 陈志.新兴产业产能过剩了吗[J].经济研究参考,2010(28):40-47.

[43] 王立国.重复建设与产能过剩的双向交互机制研究[J].企业经济,2010,29(6):5-9.

[44] 王兴艳.产能过剩评价指标体系研究初探[J].技术经济与管理研究,2007(4):12-13.

[45] 刘晔,葛维琦.产能过剩评估指标体系及预警制度研究[J].经济问题,2010(11):38-40.

[46] 黄永和,刘斌,吴松泉,等.我国应制订汽车产能利用衡量标准[J].汽车工业研究,2007(11):2-8.

[47] 刘晔.行业产能过剩评估体系理论回顾与综述[J].经济问题,2007(10):50-52.

[48] NEEBE A W,RAO M R. Sequencing capacity expansion projects in continuous time[J]. Management science,1986,32(11):1467-1479.

[49] FONG C O,SRINIVASAN V. The multiregion dynamic capacity expansion problem:an improved heuristic[J]. Management science,1986,32(9):1140-1152.

[50] LI S L,TIRUPATI D. Dynamic capacity expansion problem with multiple products:technology selection and timing of capacity additions[J]. Operations research,1994,42(5):958-976.

[51] RAJAGOPALAN S. Capacity expansion and equipment replacement:a unified approach[J]. Operations research,1998,46(6):846-857.

[52] KHMELNITSKY E,KOGAN K. Optimal policies for aggregate production and capacity planning under rapidly changing demand conditions[J]. International journal of production research,1996,34(7):1929-1941.

[53] SMITH R L. Turnpike results for single location capacity expansion[J]. Management science,1979,25(5):474-484.

[54] LUSS H. Operations research and capacity expansion problems: a survey [J]. Operations research, 1982, 30(5): 907-947.

[55] GIGLIO R J. Stochastic capacity models[J]. Management science, 1970, 17(3): 174-184.

[56] BUZACOTT J A, CHAOUCH A B. Capacity expansion with interrupted demand growth [J]. European journal of operational research, 1988, 34(1): 19-26.

[57] ERLENKOTTER D, SETHI S, OKADA N. Planning for surprise: water resources development under demand and supply uncertainty I. the general model[J]. Management science, 1989, 35(2): 149-163.

[58] EDIGER V Ş, AKAR S. ARIMA forecasting of primary energy demand by fuel in Turkey[J]. Energy policy, 2007, 35(3): 1701-1708.

[59] LI S Y, LI R R. Comparison of forecasting energy consumption in Shandong, China using the ARIMA model, GM model, and ARIMA-GM model[J]. Sustainability, 2017, 9(7): 1181.

[60] WANG Y Y, WANG J Z, ZHAO G, et al. Application of residual modification approach in seasonal ARIMA for electricity demand forecasting: a case study of China[J]. Energy policy, 2012, 48: 284-294.

[61] PAO H T, FU H C, TSENG C L. Forecasting of CO_2 emissions, energy consumption and economic growth in China using an improved grey model[J]. Energy, 2012, 40(1): 400-409.

[62] AKAY D, ATAK M. Grey prediction with rolling mechanism for electricity demand forecasting of Turkey [J]. Energy, 2007, 32 (9): 1670-1675.

[63] WU L F, LIU S F, LIU D L, et al. Modelling and forecasting CO_2 emissions in the BRICS (Brazil, Russia, India, China, and South Africa) countries using a novel multi-variable grey model[J]. Energy, 2015, 79: 489-495.

[64] ALGARNI A. A regression model for electric-energy-consumption forecasting in Eastern Saudi Arabia[J]. Energy, 1994, 19(10): 1043-1049.

[65] BIANCO V, MANCA O, NARDINI S. Electricity consumption forecasting in Italy using linear regression models[J]. Energy, 2009, 34(9): 1413-1421.

[66] LI Y T, HE Y, SU Y, et al. Forecasting the daily power output of a grid-connected photovoltaic system based on multivariate adaptive regression

splines[J]. Applied energy,2016,180:392-401.

[67] AZADEH A,BABAZADEH R,ASADZADEH S M. Optimum estimation and forecasting of renewable energy consumption by artificial neural networks[J]. Renewable and sustainable energy reviews, 2013, 27: 605-612.

[68] EKONOMOU L. Greek long-term energy consumption prediction using artificial neural networks[J]. Energy,2010,35(2):512-517.

[69] LEE K Y,CHA Y T,PARK J H. Short-term load forecasting using an artificial neural network[J]. IEEE transactions on power systems,1992,7 (1):124-132.

[70] SZOPLIK J. Forecasting of natural gas consumption with artificial neural networks[J]. Energy,2015,85:208-220.

[71] JAIN R K, SMITH K M, CULLIGAN P J, et al. Forecasting energy consumption of multi-family residential buildings using support vector regression:investigating the impact of temporal and spatial monitoring granularity on performance accuracy[J]. Applied energy, 2014, 123: 168-178.

[72] CHEN Y B,XU P,CHU Y Y,et al. Short-term electrical load forecasting using the Support Vector Regression (SVR) model to calculate the demand response baseline for office buildings[J]. Applied energy,2017, 195:659-670.

[73] KAVAKLIOGLU K. Modeling and prediction of Turkey's electricity consumption using Support Vector Regression[J]. Applied energy,2011, 88(1):368-375.

[74] GROSSMAN D,MARKS D H. Capacity expansion for water resource facilities: a control theoretic algorithm for nonstationary uncertain demands[J]. Advances in water resources,1977,1(1):31-40.

[75] FREIDENFELDS J. Capacity expansion when demand is a birth-death random process[J]. Operations research,1980,28(3):712-721.

[76] BEAN J C,HIGLE J L,SMITH R L. Capacity expansion under stochastic demands[J]. Operations research,1992,40(2):210-216.

[77] TAPIERO C S. Capacity expansion of a deteriorating facility under uncertainty[J]. RAIRO - operations research,1979,13(1):55-66.

[78] BENSOUSSAN A, TAPIERO C S. Impulsive control in management:

prospects and applications [J]. Journal of optimization theory and applications,1982,37(4):419-442.

[79] EPPEN G D,MARTIN R K,SCHRAGE L. OR practice-a scenario approach to capacity planning [J]. Operations research,1989,37(4):517-527.

[80] ESCUDERO L F,KAMESAM P V,KING A J,et al. Production planning via scenario modelling[J]. Annals of operations research,1993,43(6):309-335.

[81] CHEN Z L,LI S L,TIRUPATI D. A scenario-based stochastic programming approach for technology and capacity planning[J]. Computers & operations research,2002,29(7):781-806.

[82] DELEVE G,FEDERGRUEN A,TIJMS H C. A general Markov decision method I:Model and techniques[J]. Advances in applied probability,1977,9(2):296-315.

[83] NICKELL S. Uncertainty and lags in the investment decisions of firms [J]. The review of economic studies,1977,44(2):249.

[84] ROTA G C. Deterministic and stochastic optimal control[J]. Advances in mathematics,1977,24(3):341.

[85] DAVIS M H A. Piecewise-deterministic Markov processes:a general class of non-diffusion stochastic models [J]. Journal of the royal statistical society series b:statistical methodology,1984,46(3):353-376.

[86] DAVIS M H A,DEMPSTER M A H,SETHI S P,et al. Optimal capacity expansion under uncertainty[J]. Advances in applied probability,1987,19(1):156-176.

[87] 周劲,付保宗.产能过剩的内涵、评价体系及在我国工业领域的表现特征[J].经济学动态,2011(10):58-64.

[88] BAIN J S. Barriers to new competition [M]. Cambridge:Harvard University Press,1962.

[89] 王文甫,明娟,岳超云.企业规模、地方政府干预与产能过剩[J].管理世界,2014(10):17-36.

[90] 卢锋.治理产能过剩问题(1999—2009)[C]//2009年秋季 CCER 中国经济观察.北京:北京大学国家发展研究院,2009.

[91] 朱希伟,沈璐敏,吴意云,等.产能过剩异质性的形成机理[J].中国工业经济,2017(8):44-62.

[92] 尚鸣. 过剩产业谋变[J]. 中国投资,2006,(3):28-29.

[93] 耿强,江飞涛,傅坦. 政策性补贴、产能过剩与中国的经济波动:引入产能利用率 RBC 模型的实证检验[J]. 中国工业经济,2011(5):27-36.

[94] SPENCE A M. Entry, capacity, investment and oligopolistic pricing[J]. The bell journal of economics,1977,8(2):534.

[95] DIXIT A K. The role of investment in entry-deterrence[J]. The economic journal,1980,90(357):95-106.

[96] BOYLE G W,GUTHRIE G A. Investment,uncertainty,and liquidity[J]. The journal of finance,2003,58(5):2143-2166.

[97] MASON R,WEEDS H. Investment, uncertainty and pre-emption[J]. International journal of industrial organization,2010,28(3):278-287.

[98] FUDENBERG D,TIROLE J. Preemption and rent equalization in the adoption of new technology[J]. The review of economic studies,1985,52(3):383-401.

[99] BELLEFLAMME P,PEITZ M. Industrial organization[M]. Cambridge, UK:Cambridge University Press,2010.

[100] YANG S J S,ANDERSON E J. Competition through capacity investment under asymmetric existing capacities and costs[J]. European journal of operational research,2014,237(1):217-230.

[101] ANUPINDI R,JIANG L. Capacity investment under postponement strategies,market competition,and demand uncertainty[J]. Management science,2008,54(11):1876-1890.

[102] ROBLES J. Demand growth and strategically useful idle capacity[J]. Oxford economic papers,2011,63(4):767-786.

[103] BOURREAU M. The impact of uncertainty about demand growth on preemption[J]. Journal of economics and business,2004,56(5):363-376.

[104] GILBERT R J,LIEBERMAN M. Investment and coordination in oligopolistic industries[J]. The rand journal of economics,1987,18(1):17.

[105] HENDERSON J,COOL K. Corporate governance,investment bandwagons and overcapacity:an analysis of the worldwide petrochemical industry,1975-1995[J]. Strategic management journal,2003,24(4):349-373.

[106] HENDERSON J,COOL K. Learning to time capacity expansions:an empirical analysis of the worldwide petrochemical industry,1975-1995[J]. Strategic management journal,2003,24(5):393-413.

[107] PARASKEVOPOULOS D, PITELIS C N. An econometric analysis of the determinants of capacity expansion investment in the West European chemical industry[J]. Managerial and decision economics, 1995, 16(6): 619-632.

[108] BANERJEE A V. A simple model of herd behavior[J]. The quarterly journal of economics, 1992, 107(3): 797-817.

[109] DIXIT A K, PINDYCK R S. Investment under uncertainty[M]. Princeton, NJ: Princeton University Press, 1994.

[110] ABRAHAMSON E, ROSENKOPF L. Institutional and competitive bandwagons: using mathematical modeling as a tool to explore innovation diffusion [J]. The academy of management review, 1993, 18(3): 487.

[111] 林毅夫. 潮涌现象与发展中国家宏观经济理论的重新构建[J]. 经济研究, 2007, 42(1): 126-131.

[112] SPENCE A M. Investment strategy and growth in a new market[J]. The bell journal of economics, 1979, 10(1): 1.

[113] GREEN E J, PORTER R H. Noncooperative collusion under imperfect price information[J]. Econometrica, 1984, 52(1): 87.

[114] CLARK C S. Labor hoarding in durable goods industries[J]. The American economic review, 1973, 63(5): 811-824.

[115] FAY J A, MEDOFF J L. Labor and output over the business cycle: some direct evidence [J]. The American economic review, 1985, 75(4): 638-655.

[116] FAIR R C. Excess labor and the business cycle[J]. The American economic review, 1985, 75(1): 239-245.

[117] BURNSIDE C, EICHENBAUM M, REBELO S. Labor hoarding and the business cycle[J]. Journal of political economy, 1993, 101(2): 245-273.

[118] BURNSIDE C, EICHENBAUM M. Factor-hoarding and the propagation of business-cycle shocks[J]. The American economic review, 1996, 86(5): 1154-1174.

[119] BUITER W H. Optimal currency areas Scottish economic society/royal bank of Scotland annual lecture, 1999[J]. Scottish journal of political economy, 2000, 47(3): 213-250.

[120] CHOU W L. Exchange rate variability and China's exports[J]. Journal of comparative economics, 2000, 28(1): 61-79.

[121] LASTRAPES W D. Sources of fluctuations in real and nominal exchange rates[J]. The review of economics and statistics,1992,74(3):530.

[122] GHEMAWAT P. Capacity expansion in the titanium dioxide industry [J]. The journal of industrial economics,1984,33(2):145.

[123] 江飞涛,耿强,吕大国,等.地区竞争、体制扭曲与产能过剩的形成机理 [J].中国工业经济,2012(6):44-56.

[124] 翟东升.解析"中国式"产能过剩[J].宏观经济管理,2013(7):34-35.

[125] 周黎安.晋升博弈中政府官员的激励与合作:兼论我国地方保护主义和重复建设问题长期存在的原因[J].经济研究,2004,39(6):33-40.

[126] 江飞涛,曹建海.市场失灵还是体制扭曲:重复建设形成机理研究中的争论、缺陷与新进展[J].中国工业经济,2009(1):53-64.

[127] 曹建海.我国重复建设的形成机理与政策措施[J].中国工业经济,2002 (4):26-33.

[128] 李军杰.经济转型中的地方政府经济行为变异分析[J].中国工业经济, 2005(1):39-46.

[129] 郭庆旺,贾俊雪.地方政府行为、投资冲动与宏观经济稳定[J].管理世界, 2006(5):19-25.

[130] 陶然,袁飞,曹广忠.区域竞争、土地出让与地方财政效应:基于 1999— 2003 年中国地级城市面板数据的分析[J].世界经济,2007,30(10): 15-27.

[131] 江飞涛,耿强,吕大国.中国转轨体制下产能过剩的形成机理——兼与林毅夫商榷[R]//中国社会科学院工业经济研究所工作论文.[S. l.: s. n.],2011.

[132] 张军.社会主义的政府与企业:从"退出"角度的分析[J].经济研究,1994, 29(9):72-80.

[133] 张言方,聂锐,刘平,等.基于 SD 模型的我国煤炭产能过剩调控机制研究 [J].统计与决策,2016(2):138-142.

[134] 王立国,鞠蕾.光伏产业产能过剩根源与对策找寻[J].改革,2015(5): 129-138.

[135] 国务院发展研究中心《进一步化解产能过剩的政策研究》课题组,赵昌文, 许召元,等.当前我国产能过剩的特征、风险及对策研究—基于实地调研及微观数据的分析[J].管理世界,2015(4):1-10.

[136] LIU M Z,CHEN M,HE G. The origin and prospect of billion-ton coal production capacity in China[J]. Resources,conservation and recycling,

2017,125:70-85.

[137] 苏汝劼.建立淘汰落后产能长效机制的思路与对策[J].宏观经济研究，2012(5):80-82.

[138] 丁世勋,黄旭平.经济危机视角下的产能扩张与产能过剩[J].南京政治学院学报,2010,26(4):34-37.

[139] 李江涛.产能过剩:问题、理论及治理机制[M].北京:中国财政经济出版社,2006.

[140] 王立国.理性发展现代煤化工行业的思考:基于防范产能过剩风险的视角[J].宏观经济研究,2012(1):3-12.

[141] 张韵君,孟祺.金融危机背景下我国制造业升级探析[J].世界经济与政治论坛,2009(4):8-12.

[142] 王立国,高越青.基于技术进步视角的产能过剩问题研究[J].财经问题研究,2012(2):26-32.

[143] WANG D L,WANG Y D,SONG X F,et al. Coal overcapacity in China:multiscale analysis and prediction[J]. Energy economics,2018,70:244-257.

[144] SHI X P,RIOUX B,GALKIN P. Unintended consequences of China's coal capacity cut policy[J]. Energy policy,2018,113:478-486.

[145] 王宏英,曹海霞.产能过剩条件下的宏观调控政策取向研究[J].经济问题,2007(9):32-34.

[146] 周炼石.中国产能过剩的政策因素与完善[J].上海经济研究,2007,19(2):3-10.

[147] 杜飞轮.对政府治理产能过剩的思考[J].中国经贸导刊,2010(18):13-14.

[148] 郭庆旺,贾俊雪.中国潜在产出与产出缺口的估算[J].经济研究,2004,39(5):31-39.

[149] 帅晓姗.金融机构如何应对局部产能过剩?产能过剩的深层诱因[J].中国金融家,2006,(7):50-52.

[150] 梁东黎.转轨期企业落后产能的淘汰机制研究[J].江海学刊,2008(5):64-70.

[151] ANDREWS-SPEED P,DOW S,GAO Z G. The ongoing reforms to China's government and state sector:the case of the energy industry[J]. Journal of contemporary China,2000,9(23):5-20.

[152] ANDREWSSPEED P,DOW S,YANG M Y. Regulating energy in federal

transition economies:the case of China[M]//The international energy experience. London:Imperial College,2000.

[153] CORRADO C,MATTEY J. Capacity utilization[J]. Journal of economic perspectives,1997,11(1):151-167.

[154] KLEIN L R,LONG V,GREENSPAN A,et al. Capacity utilization: concept, measurement, and recent estimates[J]. Brookings papers on economic activity,1973,1973(3):743.

[155] JOHANSEN L. Production function and the concept of capacity[C]// Recentes sur la function de production. [S. l. :s. n.],1968.

[156] SMITHIES A. Economic fluctuations and growth[J]. Econometrica, 1957,25(1):1.

[157] MORRISON C J. On the economic interpretation and measurement of optimal capacity utilization with anticipatory expectations [J]. The review of economic studies,1985,52(2):295-309.

[158] SHAIKH A M,MOUDUD J K. Measuring capacity utilization in OECD countries:a cointegration method [R]. The Levy Economics Institute of Bard College,Working Paper,2004(415):1-19.

[159] 梁泳梅,董敏杰,张其仔.产能利用率测算方法:一个文献综述[J].经济管理,2014,36(11):190-199.

[160] 张林. 中国式产能过剩问题研究综述[J].经济学动态,2016(9):90-100.

[161] KLEIN L R,PRESTON R S. Some new results in the measurement of capacity utilization[J]. The American economic review,1967,57(1): 34-58.

[162] ZHANG H M,ZHENG Y,OZTURK U A,et al. The impact of subsidies on overcapacity:a comparison of wind and solar energy companies in China[J]. Energy,2016,94:821-827.

[163] AIGNER D J,CHU S F. On estimating the industry production function [J]. The American economic review,1968,58(4):826-839.

[164] GABRIELSEN A. On Estimating efficient production functions[R]. Bergen, Norway:Chr. Michelsen Institute, Department of Humanities and Social Sciences,1975.

[165] 赵宝福,黄振国.中国煤炭产业产能利用率估算与演变特征研究[J].统计与信息论坛,2014(9):15-20.

[166] 冯东梅,王森,翟翠霞.中国煤炭产业产能利用率估算与影响因素实证研

究[J].统计与信息论坛,2015(12):48-55.

[167] 章卫东,成志策,周冬华,等.上市公司过度投资、多元化经营与地方政府干预[J].经济评论,2014(3):139-152.

[168] KEYNES J M. The general theory of interest,employment and money[M].[S.1]:BN Publishing,2009.

[169] 马克思.资本论[M].何小禾,译.重庆:重庆出版社,2014.

[170] 任泽平.我国商业周期运行规律及其对宏观调控的启示[J].经济学动态,2012(7):64-69.

[171] 杨光,孙浦阳,龚刚.经济波动、成本约束与资源配置[J].经济研究,2015,50(2):47-60.

[172] 任泽平.中国宏观经济分析框架[J].发展研究,2017(11):40-43.

[173] YU S W,WEI Y M,GUO H X,et al. Carbon emission coefficient measurement of the coal-to-power energy chain in China[J]. Applied energy,2014,114:290-300.

[174] SU M R,YUE W C,LIU Y F,et al. Integrated evaluation of urban energy supply security:a network perspective[J]. Journal of cleaner production,2019,209:461-471.

[175] PROSKURYAKOVA L. Updating energy security and environmental policy:energy security theories revisited[J]. Journal of environmental management,2018,223:203-214.

[176] LI B B,LIANG Q M,WANG J C. A comparative study on prediction methods for China's medium-and long-term coal demand[J]. Energy,2015,93:1671-1683.

[177] 张磊,杨晴,CAROL A D.中国煤炭的供给能力:基于供给方程的分析[J].系统工程理论与实践,2016,36(3):650-663.

[178] WANG C,LI B B,LIANG Q M,et al. Has China's coal consumption already peaked? A demand-side analysis based on hybrid prediction models[J]. Energy,2018,162:272-281.

[179] QI Y,STERN N,WU T,et al. China's post-coal growth[J]. Nature geoscience,2016,9:564-566.

[180] LIN J,FRIDLEY D,LU H,et al. Near-term trends in China's coal consumption[R]. Berkeley,CA:Lawrence Berkeley National Laboratory,2018.

[181] ZHANG R,JING J,TAO J,et al. Chemical characterization and source apportionment of $PM_{2.5}$ in Beijing:seasonal perspective[J]. Atmospheric

chemistry & physics,2013,13(14):7053-7074.

[182] LIN B Q,DU Z L. Promoting energy conservation in China's metallurgy industry[J]. Energy policy,2017,104:285-294.

[183] 侯小超,张磊,杨晴.基于蒙特卡罗方法的中国中长期煤炭需求预测[J]. 运筹与管理,2020,29(1):99-105.

[184] SPINNEY P J,WATKINS G C. Monte Carlo simulation techniques and electric utility resource decisions [J]. Energy policy, 1996, 24 (2): 155-163.

[185] ROZAKIS S,SOURIE J C. Micro-economic modelling of biofuel system in France to determine tax exemption policy under uncertainty [J]. Energy policy,2005,33(2):171-182.

[186] WOLDE-RUFAEL Y. Bounds test approach to cointegration and causality between nuclear energy consumption and economic growth in India[J]. Energy policy,2010,38(1):52-58.

[187] VITHAYASRICHAREON P, MACGILL I F. A Monte Carlo based decision-support tool for assessing generation portfolios in future carbon constrained electricity industries[J]. Energy policy,2012,41:374-392.

[188] METROPOLIS N, ULAM S. The Monte Carlo method[J]. Journal of the American statistical association,1949,44(247):335-341.

[189] 王德鲁,赵成.中国煤炭去产能省区分配研究[J].经济问题,2018(4): 77-82.

[190] WANG D L,WAN K D,SONG X F. Quota allocation of coal overcapacity reduction among provinces in China [J]. Energy policy, 2018, 116: 170-181.

[191] XU X C,GU X W,WANG Q,et al. Ultimate pit optimization with ecological cost for open pit metal mines[J]. Transactions of nonferrous metals society of China,2014,24(5):1531-1537.

[192] ANG B W. Decomposition analysis for policymaking in energy:which is the preferred method? [J]. Energy policy,2004,32(9):1131-1139.

[193] ANG B W. The LMDI approach to decomposition analysis:a practical guide[J]. Energy policy,2005,33(7):867-871.

[194] 郭朝先.中国碳排放因素分解:基于 LMDI 分解技术[J].中国人口·资源 与环境,2010,20(12):4-9.

[195] XU J H,FLEITER T,EICHHAMMER W,et al. Energy consumption

and CO_2 emissions in China's cement industry: a perspective from LMDI decomposition analysis[J]. Energy policy, 2012, 50: 821-832.

[196] XU S C, HE Z X, LONG R Y. Factors that influence carbon emissions due to energy consumption in China: decomposition analysis using LMDI [J]. Applied energy, 2014, 127: 182-193.

[197] GOH T, ANG B W. Tracking economy-wide energy efficiency using LMDI: approach and practices [J]. Energy efficiency, 2019, 12 (4): 829-847.

[198] 林伯强, 魏巍贤, 李丕东. 中国长期煤炭需求: 影响与政策选择[J]. 经济研究, 2007, 42(2): 48-58.

[199] CROMPTON P, WU Y R. Energy consumption in China: past trends and future directions[J]. Energy economics, 2005, 27(1): 195-208.

[200] LIN B Q, OUYANG X L. Energy demand in China: comparison of characteristics between the US and China in rapid urbanization stage[J]. Energy conversion and management, 2014, 79: 128-139.

[201] 高俊莲, 姜克隽, 刘嘉, 等. 基于 LEAP 模型的中国煤炭需求情景分析[J]. 中国煤炭, 2017, 43(4): 23-27.

[202] 刘畅, 孙超. 未来中长期我国煤炭需求预测[J]. 中国煤炭, 2017, 43(10): 5-9.

[203] 胡雪棉, 赵国浩. 基于 Matlab 的 BP 神经网络煤炭需求预测模型[J]. 中国管理科学, 2008(1): 521-525.

[204] YU S W, ZHU K J. A hybrid procedure for energy demand forecasting in China[J]. Energy, 2012, 37(1): 396-404.

[205] CHONG C, MA L W, LI Z, et al. Logarithmic mean Divisia index (LMDI) decomposition of coal consumption in China based on the energy allocation diagram of coal flows[J]. Energy, 2015, 85: 366-378.

[206] CHAI J, DU M F, LIANG T, et al. Coal consumption in China: how to bend down the curve? [J]. Energy economics, 2019, 80: 38-47.

[207] LIANG Q M, FAN Y, WEI Y M. Multi-regional input-output model for regional energy requirements and CO_2 emissions in China[J]. Energy policy, 2007, 35(3): 1685-1700.

[208] WEBSTER B M, PALTSEV S, PARSONS J, et al. Uncertainty in greenhouse gas emissions and costs of atmospheric stabilization[R]//MIT joint program on the science and policy of global change. [S. l. : s. n.], 2008.

[209] BABONNEAU F,HAURIE A,LOULOU R,et al.Combining stochastic optimization and Monte Carlo simulation to deal with uncertainties in climate policy assessment[J].Environmental modeling & assessment, 2012,17(1):51-76.

[210] 申宝宏,郭建利.供给侧改革背景下我国煤矿关闭退出机制研究[J].煤炭经济研究,2016,36(6):6-11.

[211] 清华大学中国与世界经济研究中心.预计 2018 年全年中国 GDP 增速为 6.8%[EB/OL].(2018-07-06)[2019-01-09].http://money.163.com/ 18/0706/09/DM190DRP00258J1R.html.

[212] 国际货币基金组织.中国 2018—2020 年 GDP 年均增速将为 6.4%[EB/ OL].(2017-08-15)[2019-01-09].http://finance.jrj.com.cn/2017/08/ 15210722944042.shtml.

[213] 北京大学光华管理学院.2019 年中国经济展望[EB/OL].(2019-01-03) [2019-01-09].https://baijiahao.baidu.com/s? id=16216278514216982668&wfr =spider&for=pc.

[214] 中华人民共和国国民经济和社会发展第十三个五年规划纲要[EB/OL]. (2016-03-17)[2019-01-09].http://www.xinhuanet.com//politics/ 2016lh/2016-03/17/c_1118366322.htm.

[215] CHEN J H.An empirical study on China's energy supply-and-demand model considering carbon emission peak constraints in 2030[J]. Engineering,2017,3(4):512-517.

[216] LI J F,MA Z Y,ZHANG Y X,et al.Analysis on energy demand and CO_2 emissions in China following the energy production and consumption revolution strategy and China dream target[J].Advances in climate change research,2018,9(1):16-26.

[217] 国家能源局.2018 年能源工作指导意见[EB/OL].(2018-03-09)[2019-01- 09].https://www.gov.cn/xinwen/2018-03/09/content_5272569.htm.

[218] 国家发展改革委,国家能源局.能源生产和消费革命战略(2016—2030) [EB/OL].(2016-12-29)[2019-01-09].https://www.gov.cn/xinwen/ 2017-04/25/content_5230568.htm.

[219] 国务院."十三五"节能减排综合工作方案[EB/OL].(2016-12-20)[2019- 01-09].https://www.gov.cn/zhengce/zhengceku/2017-01/05/content_ 5156789.htm.

[220] LIU Q L,LEI Q,XU H M,et al.China's energy revolution strategy into

2030[J]. Resources,conservation and recycling,2018,128:78-89.

[221] 国家发改委,国家能源局. 能源发展"十三五"规划[EB/OL]. (2016-12-26)[2019-01-09]. ww. nea. gov. cn/135989417_14846217874961n. pdf.

[222] DUAN H B,MO J L,FAN Y,et al. Achieving China's energy and climate policy targets in 2030 under multiple uncertainties[J]. Energy economics,2018,70:45-60.

[223] 王立国,张日旭. 财政分权背景下的产能过剩问题研究:基于钢铁行业的实证分析[J]. 财经问题研究,2010(12):30-35.

[224] 王立国,鞠蕾. 地方政府干预、企业过度投资与产能过剩:26 个行业样本[J]. 改革,2012(12):52-62.

[225] GORDON R J. The time-varying NAIRU and its implications for economic policy[J]. Journal of economic perspectives,1997,11(1):11-32.

[226] MELIHOVS A,ZASOVA A. Assessment of the natural rate of unemployment and capacity utilisation in Latvia[J]. Baltic journal of economics,2009,9(2):25-46.

[227] BOONE L,GIORNO C,MEACCI M,et al. Estimating the structural rate of unemployment for the OECD countries[J]. OECD economic studies,2003,2001(2):171-216.

[228] 都阳,陆旸. 中国的自然失业率水平及其含义[J]. 世界经济,2011,34(4):3-21.

[229] 曾湘泉,于泳. 中国自然失业率的测量与解析[J]. 中国社会科学,2006(4):65-76.

[230] 周劲,付保宗. 工业领域产能过剩形成机制及对策建议[J]. 宏观经济管理,2011(10):33-35.

[231] 周黎安. 中国地方官员的晋升锦标赛模式研究[J]. 经济研究,2007,42(7):36-50.

[232] 顾元媛,沈坤荣. 地方官员创新精神与地区创新:基于长三角珠三角地级市的经验证据[J]. 金融研究,2012(11):89-102.

[233] PARASKEVOPOULOS D,KARAKITSOS E,RUSTEM B. Robust capacity planning under uncertainty[J]. Management science,1991,37(7):787-800.

[234] BURNSIDE C,EICHENBAUM M. Small-sample properties of GMM-based Wald tests[J]. Journal of business & economic statistics,1996,

14(3):294-308.

[235] 白让让.竞争驱动、政策干预与产能扩张:兼论"潮涌现象"的微观机制[J].经济研究,2016,51(11):56-69.

[236] 孙巍,何彬,武治国.现阶段工业产能过剩"窖藏效应"的数理分析及其实证检验[J].吉林大学社会科学学报,2008,48(1):68-75.

[237] LIN CHAN H,KAM LEE S. Modelling and forecasting the demand for coal in China[J]. Energy economics,1997,19(3):271-287.

[238] BILDIRICI M E,BAKIRTAS T. The relationship among oil,natural gas and coal consumption and economic growth in BRICTS (Brazil,Russian,India,China,Turkey and South Africa) countries[J]. Energy,2014,65:134-144.

[239] JIANG S M,YANG C,GUO J T,et al. ARIMA forecasting of China's coal consumption,price and investment by 2030[J]. Energy sources,Part B:economics,planning,and policy,2018,13(3):190-195.

[240] BLOCH H,RAFIQ S,SALIM R. Coal consumption,CO_2 emission and economic growth in China:empirical evidence and policy responses[J]. Energy economics,2012,34(2):518-528.

[241] LI R,LEUNG G C K. Coal consumption and economic growth in China[J]. Energy policy,2012,40:438-443.

[242] LI H B,ZHOU L A. Political turnover and economic performance:the incentive role of personnel control in China [J]. Journal of public economics,2005,89(9/10):1743-1762.

[243] BAI C E,LU J Y,TAO Z G. Property rights protection and access to bank loans[J]. Economics of transition,2006,14(4):611-628.

[244] STERMAN J D. Business dynamics:systems thinking and modeling for a complex world[M]. New York:McGraw-Hill,2000.

[245] MA Z W,PI G L,DONG X C,et al. The situation analysis of shale gas development in China-based on structural equation modeling [J]. Renewable and sustainable energy reviews,2017,67:1300-1307.

[246] MOVILLA S,MIGUEL L J,BLÁZQUEZ L F. A system dynamics approach for the photovoltaic energy market in Spain[J]. Energy policy,2013,60:142-154.

[247] HOMER J B,HIRSCH G B. System dynamics modeling for public health:background and opportunities [J]. American journal of public

health,2006,96(3):452-458.

[248] FORRESTER J W. Industrial dynamics：a major breakthrough for decision makers [M]//The Roots of Logistics. Berlin, Heidelberg： Springer Berlin Heidelberg,2012.

[249] JEON C,LEE J,SHIN J. Optimal subsidy estimation method using system dynamics and the real option model：photovoltaic technology case [J]. Applied energy,2015,142:33-43.

[250] WOLSTENHOLME E F. Algorithmic control modules for system dynamics models[J]. System dynamics review,1986,2(1):1-19.

[251] 贾仁安,丁荣华.系统动力学：反馈动态性复杂分析[M].北京：高等教育 出版社,2002.

[252] MUTINGI M,MBOHWA C,KOMMULA V P. System dynamics approaches to energy policy modelling and simulation[J]. Energy procedia,2017, 141:532-539.

[253] LIU X,MAO G Z,REN J,et al. How might China achieve its 2020 emissions target? A scenario analysis of energy consumption and CO_2 emissions using the system dynamics model [J]. Journal of cleaner production,2015,103:401-410.

[254] TIMMA L,BAZBAUERS G,BARISS U,et al. Energy efficiency policy analysis using socio-technical approach and system dynamics. Case study of lighting in Latvia's households[J]. Energy policy,2017,109:545-554.

[255] WANG D,NIE R,LONG R Y,et al. Scenario prediction of China's coal production capacity based on system dynamics model[J]. Resources, conservation and recycling,2018,129:432-442.

[256] 王迪,向欣,时如义,等.中国煤炭产能系统动力学预测与调控潜力分析 [J].系统工程理论与实践,2017,37(5):1210-1218.

[257] 王德鲁,马刚.煤炭城市应对能源价格冲击的政策模拟研究：基于系统动 力学[J].北京理工大学学报(社会科学版),2016,18(6):10-22.

[258] 韩国高,胡文明.要素价格扭曲如何影响了我国工业产能过剩？基于省际 面板数据的实证研究[J].产业经济研究,2017(2):49-61.

[259] YANG Q,ZHANG L,WANG X. Dynamic analysis on market structure of China's coal industry[J]. Energy policy,2017,106:498-504.

[260] 李志宏,赖文娣,白雪.高校科研团队隐性知识共享的系统动力学分析 [J].管理学报,2012,9(10):1495-1504.

[261] LIU X，MA S F，TIAN J F，et al. A system dynamics approach to scenario analysis for urban passenger transport energy consumption and CO_2 emissions：a case study of Beijing[J]. Energy policy，2015，85：253-270.

[262] 周李磊，官冬杰，杨华，等.重庆经济-资源-环境发展的系统动力学分析及不同情景模拟[J].重庆师范大学学报（自然科学版），2015，32(3)：59-67.

[263] 宋学锋，刘耀彬.基于 SD 的江苏省城市化与生态环境耦合发展情景分析[J].系统工程理论与实践，2006，26(3)：124-130.

[264] WANG D L，MA G，SONG X F，et al. Energy price slump and policy response in the coal-chemical industry district：a case study of Ordos with a system dynamics model[J]. Energy policy，2017，104：325-339.

[265] 席鹏辉，梁若冰，谢贞发，等.财政压力、产能过剩与供给侧改革[J].经济研究，2017，52(9)：86-102.